공수처

공수처에 대한 오해와 진실을 낱낱이 해부하다

공수처

초판 1쇄 발행 2021년 07월 05일

지은이 강효백
펴낸이 장현수
펴낸곳 메이킹북스
출판등록 제 2019-000010호

디자인 안영인
편집 안영인
교정 안지은
마케팅 송유리

주소 서울특별시 금천구 가산디지털1로 142, 312호
전화 02-2135-5086
팩스 02-2135-5087
이메일 making_books@naver.com
홈페이지 www.makingbooks.co.kr

ISBN 979-11-91472-86-8(03360)
값 12,000원

ⓒ 강효백 2021 Printed in Korea

잘못된 책은 구입하신 곳에서 바꾸어 드립니다.
이 책의 전부 또는 일부 내용을 재사용하려면 사전에 저작권자와 펴낸곳의 동의를 받아야 합니다.

홈페이지 바로가기

메이킹북스는 저자님의 소중한 투고 원고를 기다립니다.
출간에 대한 관심이 있으신 분은 making_books@naver.com으로 보내 주세요.

공수처

공수처에 대한 오해와 진실을 낱낱이 해부하다

강효백 지음

동서고금을 막론하고 민초들 때문에 망한 나라는 없다.
언제 어디서나 망국의 공통분모는 고위층의 부정부패.
국가의 흥망성쇠는 고위층의 부패 방지를 위한 제도적 장치와
그 작동상태에 따라 달려 있다

메이킹북스

목 차

* 머리말 - 6

1. 한국 검사·일본 검사·조선 총독부 검사 - 10
2. 신라와 발해의 공수처, 사정부와 중정대 - 17
3. 고려 공수처, 의금부 케이스 15선 - 21
4. 조선 공수처, 어사대 케이스 20선 - 29
5. 공수처 설치는 유엔부패방지협약 의무 - 46
6. 세계 57개 공수처 설치국가 - 52
7. 공수처의 놀라운 반부패 효과 - 61
8. 세계 최고 청렴국 뉴질랜드 공수처 SFO - 70
9. 세계 공수처의 모델 싱가포르 CPIB - 78
10. 영국의 반부패 쌍두마차 - SFO, 검찰감찰처 - 94
11. 가장 성공한 공수처, 홍콩의 염정공서 - 105
12. 대만의 공수처 염정서, 절반의 성공 - 112
13. 행복지수 1위국 부탄의 공수처입니다 - 121
14. 부패공직자의 종결자, 우크라이나 반부패고등법원 - 128
15. 미국의 6대 반부패기관(헥사곤) - 135

16. 중국, 부패척결 총사령부 중기위 - 143
17. 한국의 글로벌 부패지표, 빛과 그림자 - 153
18. 공수처에 관한 일곱 오해 - 159
19. 한국 공수처는 세계 초미니 반부패기관 - 169
20. 공수처 직원 자격 개방하고 정원 늘려라 - 174
21. 감사원을 제6부로, 공수처를 헌법기관으로 격상하라 - 180

* 부록 - 186
   1. 고위공직자범죄수사처 설치 및 운영에 관한 법률(약칭: 공수처법)
   2. 고위공직자범죄등 내부고발자 보호에 관한 규정

머리말

아래 반부패 아포리즘 30선으로 이 책의 머리말을 대신하고자 합니다.

1. 권력은 부패한다. 절대적인 권력은 절대적으로 부패한다. - J.E.E.D 액튼

2. 각국은 자국 법체계의 기본 원칙에 따라 부패방지기구가 한 개 이상 존재하도록 보장해야 한다. - 유엔부패방지협약 제6조

3. 세상을 바꾸고 싶은가? 그러면 먼저 제도를 바꿔라. 제도를 개혁하면 의식도 개혁된다. - 강효백

4. 고위층의 부패는 가장 큰 죄악이다. - 토마스 아퀴나스

5. 썩은 백합꽃은 시든 잡초보다도 더 악취를 풍긴다. - 셰익스피어

6. 문명은 홍수와의 투쟁에서 발생했고 국가는 부패와의 투쟁에서 발전한다
   - 강효백

7. 생선은 머리부터 썩는다. - F.베이컨

8. 공수처 출범으로 기존 수사기관들과 갈등을 빚고 나라의 반부패 수사 역량이 저하될 것이라는 우려도 있다. 하지만 공수처와 검찰·경찰이 협조할 것은 협조하고, 견제할 것은 견제한다면 선의의 경쟁을 하는 상생 관계가 되리라 확신한다. - 김진욱 초대 공수처장

9. 공수처는 신라의 사정부, 발해의 중정대, 고려의 어사대, 조선의 의금부까지 끊임없이 걸어왔던 길이었다. 역사란 과거가 아니라 데이터베이스다. 이 무궁무진한 데이터베이스에서 새로운 대한민국, 새로운 공수처의 길을 찾아보자. - 강효백

10. 부패는 헌법이 보장한 자유가 병들었다는 가장 확실한 증상이다. - J.F.케네디

11. 감옥은 우리가 그곳에 상류층 사람들을 집어넣기 시작해야 비로소 제대로 돌아갈 것이다. - L.J. 피터

12. 부패한 부자들이 가장 천박한 노예들이다. - 강효백

13. 부패의 존재를 앞에 두고 침묵하는 사람들은 부패의 공범자와 같다. - H.J 라스키

14. 타락한 세상에서는 황금을 쥔 범죄자의 손이 정의를 밀어내고 부정부패로 얻은 돈이 법을 매수한다. - 셰익스피어

15. 국민 배심원들이 상식이라는 판단력과 정의감에 의해 재판을 주도하는 민주적 사법제도의 미·영(美·英) 연합국이 비민주적 사법관료가 독단 재판하는 일·독(日獨)동맹국에 승리했다. 낡고 썩은 구일본식 사법제도를 개혁하라. - 강효백

16. 애국자란 우리나라의 특성에 맞는 주의와 제도를 연구·실천하려고 머리를 쓰는 사람이다. - 김구

17. 부패만이 중국을 망하게 할 수 있다. - 시진핑

18. 〈검찰 정상화 3대 구체 개혁안〉 1. '검찰총장'을 '검찰청장'으로 직명을 정상화하라. 2. 서초동 대검청사를 세종시로 이전하고, 법원옆 각급 검찰청사를 각급 경찰청사 옆으로 이전하라. 3. 검찰을 감찰하는 '검찰검찰처'와 공수처에 상응하는 '반부패 특별 법원' 설치를 적극 검토하라. - 강효백

머리말

19. 법 집행업무를 맡은 사법기관이 부패하면 사회의 기능이 마비되고 법의 존엄성이 무너진다. 인터폴 회원국의 가장 중요한 과제는 부패와의 전쟁이다. - 1999년 인터폴 서울선언

20. 털 하나 머리카락 하나 병들지 않은 게 없다. 지금 개혁하지 않으면 반드시 나라가 망할 것이다"(一毛一髮無非病耳 及今不改必亡國) -정약용,[경세유표] (1817년)서문에서.

21. 구일본식 낡고 썩은 사법제도를 혁파하지 않는 한 법조문과 판례 암기 해석에만 몰입하는 현 법조인력 시스템 하에서의 법조인은 체계선도적 사고보다는 권력에 영합하는 체계내적 사고에 익숙하기 마련이다. - 강효백

22. 무제한적인 권력은 그것을 가진 사람들의 마음을 부패시키기 쉽다. 법이 끝나는 곳에서 독재는 시작된다. - W.피트

23. 참으로 반성하고 죄를 뉘우쳐 다시는 죄를 짓지 않겠다는 사람만을 사면해야 한다. - 정약용

24. 악마에겐 관용은 경멸받고 처벌은 존경받는다. - 강효백

24. 중대부패수사처(SFO) 예산과 인력을 두 배로 확충하고 기능을 더욱 강화하여야 한다. -뉴질랜드 제1야당 국민당의 슬로건

25. 부패를 폭로하고 부패에 대항하는 행동은 모든 부탄 국민의 책무다. - 지그메왕축 부탄 국왕, 부탄 공수처 설립식

27. 강제성의 '칼의 법'에 무조건적 복종만을 강조하기보다 형평성의 '저울의 률'이 우위에 서서 인간의 존엄성과 정의를 실현하는 '율치(律治)'주의 국가사회를 만들어 가야 한다. - 강효백

28. 남이 알게 하지 못하려거든 그 일을 하지 말라, 온 세상의 죄악은 비밀리에 하는 일에 빚어지기 마련이다. - 정약용

29. 싱가포르에는 세 가지 보물이 있다. 부패방지법, 부패를 고발하는 국민, 탐오조사국(CPIB). - 리콴유(李光耀)

30. 동서고금을 막론하고 99% 민초들 때문에 망한 나라는 없다. 망국의 공통분모는 1% 고위층의 부정부패이다. 국가의 흥망성쇠는 고위층의 부패방지 제도장치와 그 작동상태에 따라 달려 있다. 슈퍼 공수처와 반부패 특별법원 설치 시급하다. - 강효백

2021년 6월
경희대학교 서울 캠퍼스에서
강효백

1.
한국 검사 · 일본 검사 · 조선 총독부 검사

일본 검찰보다 훨씬 센 무소불위 한국 검찰

 필자는 열람 가능한 유엔 회원국 193개국의 검찰 제도와 조선총독부 사법제도를 살펴보았다. 그 결과 우리 검찰과 같은 수사권과 수사종결권, 기소 여부를 마음대로 결정하는 기소재량권, 자기들 치부는 은폐하거나 대충 넘어갈 수 있게끔 검사만이 공소 제기할 수 있는 기소독점권까지 싹쓸이하듯 장악하고 있는 나라를 찾지 못했다.

 일본도 70여 년 전에 철거한 제왕적 검찰 구조[1]를 가진 국가는 지구상에 대한민국밖에 없다. 일본은 형사소송법상 경찰은 1차적 수사 기관이고 검찰은 2차적 보충적 수사기관이다. 검사의 수사지휘권이 규정되어 있음에도 양자는 상하 수직관계가 아닌, 협력 수평 관계다. 경찰은 대부분의 형사 사건을 도맡아 수사하며 검사는 일반 형사사건에서는 경찰이 사건을 송치하기 전까지 수사에 개입하지 않는다. 일본은 패전 후 수사는 경찰이 하고, 검사

---

1) 일본 검찰청법 제3조 検察官は、検事総長、次長検事、検事長、検事及び副検事とする

는 법률 전문가로서 경찰의 수사권 남용을 통제하며 기소와 공소유지에 집중하도록 함으로써 검·경 간 권한 분산을 했다.

조선 총독부 사법 체계의 꽃은 검사국

식민지 조선의 사법 체계는 판검사를 비롯한 사법 관리 모두 조선 총독부의 관리로서 총독의 지휘하에 있었다. 1912년 3월 18일 제령 제4호인 〈조선총독부 재판소령〉에 따르면 총독부 재판소는 총독부에 직속되어 총독의 감독을 받았으며 법원의 행정 사무에 대한 감독권도 총독에게 있었다.

그리고 법원은 고등법원 → 복심법원 → 지방법원의 구조를 가지게 되었고, 여기에 검사국을 병치하도록 했다. 고등법원 검사국에는 검사장을 두었고, 고등법원 검사장은 총독의 지휘, 감독을 받으며 검사국 사무를 맡고 하급 검사국을 지휘, 감독하게 되었다.

조선 총독부는 1913년 사법관 시보제도를 신설하였다. 사법관 시보는 고등관인 주임관 대우를 받으며 1년 6개월의 실무 수습을 마치고 실무 시험을 거친 후 조선 총독부 판검사 즉 사법관으로 임용되었다. 조선 총독부는 1913년부터 1944년까지 651명의 사법관 시보(일본인 359명, 조선인 102명)를 채용하여 사법관의 공급원으로 삼았다. 조선인 사법관 시보 출신 대다수는 판검사로 오래 재직하지 못하고 변호사로 활동했다.

일제는 1934년부터는 고등문관시험 합격자에서 판검사를 임용했다. 고등문관시험에 합격한 사람들은 일단 고급 관료가 될 자격을 갖추고 있었다. 조선 총독부 판검사가 되기 위해서는 사법관 시보 원서를 제출한다. 그럼 조선 총독부가 후보자의 이력서, 사법관 시험 합격증 사본, 호적 등본, 신원 증명서, 가정 현상서, 건강 진단서 등을 심사했다. 특히 판사와 달리 검사의 선발기준은 사상 경력(시위 전력 등)으로, 일제가 인정한 완벽한 친일 사상자, 일본인보다 일본인이 되지 않으면 불가능했다.

한국 검찰청의 원류인 조선 총독부 검사국은 총독 직속의 최핵심 친위조직으로 경찰 사법 감독기관 겸 정보 사찰·감찰 특무총괄국의 기능을 충실히 수행했다. 즉 조선 총독부 사법 체계의 꽃은 검사국이었다.

조선 총독부 검사의 권한은 일본 검사보다 훨씬 컸음

조선 총독부의 형사 절차는 대부분 일본의 형사소송법과 형법 등을 그대로 따랐지만, 검사가 누리는 권한은 같은 시기 일본 본토의 검사가 가진 권한보다 몇 배나 컸다. 조선의 검사는 일본의 검사가 갖지 못한 강제 처분권을 갖고 있었다. 즉 검사는 형사소송법에 규정한 경우 외에 사건이 금고 이상의 형에 해당하며 빠른 처분을 요한다고 생각할 때는 공소 제기 전에 압수, 수색, 검증, 구인, 피의자 또는 증인 심문, 감정, 통역 또는 번역표를 처분할 수 있었다. 또한 검사는 위의 규정에 따라 10일간 피의자를 구류할 수 있었다. 그밖에도 체포 구속 장소 감찰권, 사법경찰 징계 요구권, 긴급 체포 사후 승인 제도, 체포 구속 피의자 석방 지휘권, 압수물 처분 시 지휘권, 사법경찰의 관할 외 수사 시 보고 징구권, 고소 고발 사건 송치 전 지휘권, 고소·고발 사건 수사 연장 지휘권 등 조선 총독부 검사는 일본 본토의 검사가 가지지 못한 무소불위의 권력을 가지고 있었다. 이는 일본의 법령에서 인정되는 수사기관의 권한보다 훨씬 강력한 것으로 식민지를 더욱 효율적으로 하기 위한 필요성에서 비롯된 제도였다.[2] 요컨대 현재 한국 검사의 권한은 조선 총독부 검사의 권한과 거의 같고 한국 검사와 조선 총독부 검사 이 둘의 권력은 예나 지금이나 일본 검사의 권한보다 훨씬 강하다.

1940~1944년 조선인 판검사의 수가 0인 까닭은?

〈표1〉일제 강점기 일본인과 한국인 판·검사 인원수 비교표

(명)

연도	판사			검사		
	일본인	한국인	계	일본인	한국인	계
1910년	183	71	254	54	6	60
1918년	160	35	195	59	10	69
1921년	156	37	193	66	10	76
1924년	150	33	183	66	9	75
1928년	153	33	186	78	9	87
1937년	179	45	224	96	11	107
1940년	232	0	232	127	0	127
1942년	246	0	246	135	0	135
1944년	254	0	254	139	0	139

출처: 水野直樹 "植民地期朝鮮の思想検事" 『日本の朝鮮·台湾支配と植民地官僚』, 2008, 387쪽 참조.
* 1940년대 전반 조선인 판검사가 0인 까닭은 조선인 판검사 전원 창씨개명했기(일본인으로 귀화했기) 때문.

---

2) 민족문제연구소, 『친일인명사전(1)』, 2009, 31~33쪽

'대일본제국'의 조선, 대만, 만주 등 식민지와 괴뢰국의 사법 관리 인력 배분 대원칙은 경찰 간부는 일본인, 경찰 보조 인력은 현지인을 상당수 고용하고, 판사의 7~8할은 일본인, 2~3할은 현지인을, 검사의 9할은 일본인, 1할은 현지인을 임용한다.

조선 총독부의 사법 관리 민족별 배분 구성도 이와 비슷하다. 판사의 경우 일본인 대 조선인이 비율은 100명대 25명, 검사는 100명대 11명 수준이었다(〈일제 강점기 일본인과 한국인 판·검사 인원수 비교표〉 참조). 1937년만 해도 조선 총독부 판검사 중 조선인 판사는 45명, 검사는 11명이 있었다. 그런데 1940년~1944년 조선 총독부 판검사는 모두 일본인이고 조선인 판검사는 단 한 명도 없다. 그들이 갑자기 사라진 까닭은 무엇일까? 한마디로 조선인 판검사 전원이 자진해서 창씨개명(創氏改名)하여 일본인으로 귀화했기 때문이다.

조선인 판검사 모두 창씨개명, 일본인으로 귀화

백범 김구의 친일 매국노 263명 살생부 명단 앞자리에는 애국가 작사자 겸 무궁화 도입자 '윤치호(尹致昊1866-1945)'가 있다. 백범은 이토지코(伊東治昊)[3]로 앞장서 창씨개명한 그를 2대째 일본 귀족으로 입적한 귀화한 일본인으로 규정했다. 창씨개명은 곧 일본인으로 귀화함을 의미했다.

흔히들 창씨개명(1940년 2월 11일~1945년 8월 15일 시행)은 일제가

---

3) 〈윤치호 영문일기〉 1940년(경진년) 6월 17일 월요일. 흐렸다 개었다 오락가락.
  창씨개명을 하다. 서울 집. 오늘 오후 경성부청 인구조사과에 가서 우리 식구들의 성을 '이토(伊東)'로 바꾼 변경서를 제출했다. 오늘부터 내 이름은 일본식으로 이동치호(伊東致昊), 곧 이토 지코다.

식민지 조선인 모두에게 강제한 제도로 알고 있는데 이는 부정확한 인식이다. 미나미 조선 총독이 1939년 창씨개명 방침을 발표하자 일본인들이 창씨개명을 완강하게 반대했다. 한국인과 일본인의 구별, 분리가 어렵다는 이유다. 총독부 내부에서도 창씨개명에 반발했는데, 특히 조선 총독부 검사국과 경찰은 조선인이 똑같이 일본식 성씨를 쓰게 되면, 그가 조선인인지 일본인인지 구별이 쉽지 않다는 반론을 제기했으며, 내지측 일본인들 사이에서도 이런 우려가 높았다.

1940년 2월 11일 조선 총독부는 창씨개명을 실시하는 공고문에 창씨개명이 조선인들의 희망에 의해 실시하는 것으로 일본식 성씨의 설정을 강제하는 것이 아니라 단지 일본식 성씨를 정할 수 있는 길을 열어놓은 것이라고 발표했다.

그러자 윤치호와 이광수 등 골수 매국노들은 앞을 다퉈 창씨개명을 선도했고, 많은 조선인들이 그들을 따랐다. 하지만 창씨개명을 끝까지 거부한 일부 친일파 인사도 있었다. 비록 자신은 친일 매국노이지만 조상 대대로 물려받은 성씨만은 절대로 바꾸지 못하겠다는 마지막 양심과 민족 자존감은 지킨 것이다.

검찰 개혁은 일제 잔재 척결 차원에서 실천해야

독일과 달리 과거 침략사를 반성하지 않는 일본 태도의 원천은 일본 국교 신토(神道)의 양대 핵심 정신 '반성불요론'과 '무궁 확장론'(天壤無窮 천황 영토의 무궁한 확장)에서 나온다.

법원과 경찰은 물론 국가정보원까지 여러 차례 과거를 반성하고 사과했으나 검찰만은 오불관언, 적반하장, 본말전도, 안하무인을 자랑하고 있다. 한국 검찰 행태 중 가장 일본의 특색을 닮은 대목이다. 어쩌면 이런 것까지 일본 극우세력과 닮았는지, 몸이 떨린다. 21세기 대한민국에서 '오빤 강남 스타일'은 괜찮지만 '검찰은 일본 제국주의 스타일'만은 안 된다.

21세기 대한민국이 일제 군국주의 시대의 형사법 체계를 온전히 고수하고 있는 상황은 국치일의 연속이나 다름없다. 그런데 이보다 더 경악스러운 대목은 일제강점기 조선 검사가 일본 검사의 권한보다 훨씬 컸다는 사실과 또 이러한 일제 군국주의 시대 제왕적 검찰 권한이 오늘날까지 고스란히 이어지고 있는 현 상황이다.

절대 권력은 절대적으로 부패하는 법이다. 과거의 중앙정보부나 국가안전기획부는 '나는 새도 떨어뜨린다'고 할 만큼 힘이 센 공포의 권력기관이었다. 하지만 지금의 검찰은 '나는 비행기도 멈추게 한다'라고 해도 과장이라는 생각이 들을 만큼 무소불위의 권력을 휘두르고 있다.

따라서 검찰 개혁은 일제 잔재 척결 차원에서 강력하게 추진되어야 한다. 그리고 검찰 내부가 아닌, 국민에 의한 개혁과 그 실천을 통해 이루어져야 한다. 검찰의 기소권과 수사권을 분리, 견제하는 기관의 설치가 절실하다.

2.
신라와 발해의 공수처, 사정부와 중정대

- 이미 있던 것이 후에 다시 있겠고 이미 한 일을 후에 다시 할지라, 해 아래에는 새로운 것이 없나니 - 『구약성경』 전도서 1장 9절

- 하늘 아래 새로운 것은 없다, 다만 새로운 조합이 있을 뿐이다. - 빌 게이츠

- 역사는 과거가 아니라 데이터베이스다. - 강효백

지난 1월 21일 고위공직자범죄수사처(공수처)가 공식 출범했다. 공수처 처장에는 김진욱 처장이 임명되었다.

김 처장은 취임사에서 "공수처 출범으로 기존 수사기관들과 갈등을 빚고 나라의 반부패 수사 역량이 저하될 것이라는 우려도 있다"며 "하지만 공수처와 검찰·경찰이 협조할 것은 협조하고, 견제할 것은 견제한다면 선의의 경쟁을 하는 상생 관계가 되리라 확신한다"고 했다. 이어 헌정사가 지금껏 가보지 않은 길에 도전하면서 국민과 함께 이 길을 걸어가고자 한다"고 각오를 다졌다.

하늘 아래 새로운 것은 없다. 김진욱 처장이 헌정사에서 공수처가 가보지 않은 길이라고 했지만 이는 일제강점기와 1948년 정부 수립 이후의 시공만 말한 것이다. 구한말 이전 유구한 한민족사를 거슬러 올라 가 보라. 공수처는 신라의 사정부, 발해의 중정대, 고려의 어사대, 조선의 의금부까지 끊임없이 걸어왔던 길이었다. 역사란 과거가 아니라 데이터베이스다. 이 무궁무진한 데이터베이스에서 새로운 대한민국, 새로운 공수처의 길을 찾아보자.

권력의 속성은 권력자로 하여금 절대 권력을 지향하게 한다. 권력은 다수의 사람들이 특정한 사람에게 위임하는 것이기에 위임자들은 권력자를 견제할 수 있는 감시자의 필요성을 느낄 수밖에 없다.

우리 한민족은 오래전부터 부패와 권력 남용의 폐해를 인식하고 있었다. 중국의 관제 영향도 있었지만 권력을 견제하기 위한 여러 가지 제도적 장치가 이미 있었음을 알 수 있다. 주어진 권력이 절대 권력이 될 수 없도록 정치적 제도와 기구가 존재해 있었던 것이다. 우리나라는 다른 나라보다 좀 더 체계적이고 권력이 절대 권력이 되지 못하게끔 제도적 장치가 잘 발달되어 있었다.

신라 사정부

신라는 진흥왕부터 고대국가다운 국가로 성장하기 시작했다.
544년(진흥왕 5년) 진흥왕은 관리들에 대한 규찰과 탄핵을 담당하는 사정부(司正府)를 설치하였다.(『삼국사기』 직관지(職官志)

그로부터 태종 무열왕 6년(659년)은 당(唐)나라의 어사대(御史臺)를 본을 삼아 사정부의 최고 책임자를 경(卿;차관보급)에서 영(令; 차관급)으로 승격했다. 영에는 대아찬에서 각관까지 관등을 가진 진골 귀족이 임명되었다.

영 아래에는 경 2인을 두고 급찬에서 아찬까지의 관등을 가진 사람이 임명되었다. 경 아래에는 좌(佐) 2인을 두었다. 좌 아래의 대사(大舍)는 2인이었으며, 관등이 제13위 사지(舍知)부터 제11위 나마(奈麻)까지가 임명 대상이었다. 가장 아래 관직인 사(史)는 본래 10명이었으나 문무왕 11년(671)에 5명을 더하였다. 사정부는 경덕왕 때 이름을 숙정대(肅正臺)로 바꿨다가 혜공왕 때 다시 사정부로 되돌렸다.

사정부(중앙) -외사정(지방)-내사정전(궁내) 3원체제

668년 고구려를 멸망시켜 (불완전) 삼국통일을 이룬 신라 문무왕 13년(673년)은 세 배로 늘어난 지방의 행정 통제와 관리·감찰을 위해 외사정(外司正)을 설치했다. 정원은 133명이었으며 9주에 각 2명씩, 115군에 각 1명씩 두었다. 지방관의 비행을 감찰하는 업무를 담당했으므로, 근무지는 지방이었지만 주·군의 장관 밑에 소속되지 않고 중앙의 사정부의 지휘를 받았다.

여기에 746년(경덕왕 5년)때는 궁내 관원들의 풍기를 살피고 바로잡는 기관의 내사정전(內司正典)을 추가 설치했다. 관원으로는 의결(議決) 1인, 정찰(貞察) 2인, 사(史) 4인을 두었다. 사정 결과 잘못이 드러나면 응분의 처벌을 받았다. 759년에 건평성(建平省)으로 고쳤다가 776년(혜공왕 12년)에 다시 본래대로 바뀌었다.

8세기 신라는 일반 관원을 감찰하는 사정부와 지방 관원을 감찰하는 외사정과 궁내 관원들을 감찰하는 내사정전과 더불어 3원 적인 사정기관을 구성하였다. 이러한 신라의 세 사정기관은 당나라의 어사대(御史臺)를 벤치마킹하여 성립하였다.

여러 사료에 따르면 고구려와 백제에도 권력을 남용하거나 부패한 관리들을 규찰하여 처벌한 기관이 있었을 것으로 짐작되지만 어떠한 기관이 어떤 기능을 담당했는지의 정확히 남아 있는 기록은 없다.

발해 중정대(中正臺)

고구려의 후예이자 당나라와 대등한 관계를 맺은 동방의 대국 발해 역시 모든 관료의 비위를 감찰하는 것을 관장하는 관청 중정대를 설치했다. 소속 관원으로 장관인 대중정(大中正) 1인, 차관인 소정(少正) 1인이 있다.[4]

중정대의 장관인 대중정(大中正)은 당나라의 재상급 어사대부(御史大夫)에 비정된다. 중정대가 3성과 6부 사이에 기록되어 있는 점으로 보아 그만큼 중요한 관청이었음을 알 수 있다.

---

4) 『신당서新唐書』, 북적열전 北狄列傳, 발해渤海

3.
고려 공수처,
어사대 케이스 15선

후삼국을 통일한, 명실상부한 최초의 통일왕조 고려시대 공수처격 어사대의 지위와 권한, 조직, 역할을 『고려사』와 『고려사절요』, 『동국통감』을 통해 간략히 살펴보도록 하겠다.

고려시대 공수처격 어사대의 위상 권한 조직과 그 변화는 『고려사』 제70권 지(志) 30을 보면 대략 알 수 있다.

어사대(御史臺), 개국 초에는 사헌대(司憲臺)라 불렸다가, 성종 14년(995)에 어사대로 고쳤으며, 시정을 논집하고 관료의 기풍을 교정하며 관료를 규찰(수사·감찰)과 탄핵(기소·소추)하는 업무를 담당하였다. 대부·중승·시어사·전중시어사·감찰어사가 있었다.

현종 5년(1014)에 어사대를 폐지하고 금오대(金吾臺)를 설치하였으며, 사·부사·녹사를 두었으나, 모두 상임 인원은 없었다. 현종 6년(1015)에 금오대를 폐지하고, 사헌대로 고쳤으나 현종 14년(1023)에 다시 어사대로 고쳤다.

고려 최고의 전성시대인 문종 때 어사대의 관제를 정하였다. 판사 1인과 대부 1인의 관품은 정3품(현재 차관급)이며, 지사 1인과 중승 1인은 종4품(중앙부처 국장급)이며, 잡단 1인과 시어사 2인은 모두 종5품(현재 4급 공무원격)이며, 전중시어사 2인은 정6품(현재 5급 공무원격)이며, 감찰어사 10인은 종6품(현재 6급 공무원격)이었다.

예종 11년(1116)에 조서를 내려, 지사와 잡단을 본품의 최고등급으로 서게 하였다. 신종 5년(1202)에 어사 2인을 승격시켜 참질로 삼았다.

원나라의 속국이 된 충렬왕 34년(1308)에는 어사대를 쓸 수 없어 다시 사헌부로 고쳤다. 그 대신 대부를 대사헌(大司憲)으로 고치고 관품을 정2품(현재의 장관급)으로 올렸다.

원나라를 몰아내고 주권을 회복한 공민왕 5년(1356)에는 다시 어사대로 환원했다.

고려 공수처 어사대 케이스 15선

『고려사』에는 어사대(사헌대 금오대 사헌부)의 구체적 활약상을 기록한 사건이 261회나 나온다. 지면 관계상 오늘날 우리에게 시사하는 바가 큰

15건만 고르면 다음과 같다. 코리아 제국(918~1392년)과 코리아 공화국(1948년~)이 마치 평행이론처럼 느껴지는 사례도 많다.

사례1) 어사대, 부패 토호 처벌

가을 7월. 어사대에서 아뢰기를, "경주 사람 융대(融大)가 신라 원성왕의 먼 후손이라고 사칭하면서 양민 500여 명을 노비로 인정받아 궁인 김씨와 평장사 한인경, 이부시랑 김낙에게 선물하여 그들을 후원자로 삼았습니다. 지금 이미 그를 신문하여 사실을 파악하였으니, 그를 죄주시기 바랍니다."라고 하였다. 왕이 노하여 곧 한인경을 양주로 유배 보내고, 김낙은 섬으로 보냈으며, 김씨에게는 동 100근으로 대신 속죄하게 하였다. 듣는 사람들이 모두 기뻐하였다. -1007년(목종 10년) 7월

사례2) 절도죄를 저지른 고관 처벌

1043년 10월 18일, 절도죄를 저지른 조성도감사(造成都監使)에 왕이 가벼운 형벌을 내리라 명령하였다. 그러나 어사대에서 논박하기를, "율(律)에 의거하여 판결하기를 청합니다."라고 하자, 이를 윤허하였다.- 1043년(예종 9년) 10월 8일

사례 3) 어사대, 직무수행 불량한 감찰어사 파면

어사대에서 "엎드려 보건대, 근래에 이희로(李希老)와 홍덕위(洪德威)에게 벼슬을 내려 감찰어사(監察御史)로 삼으셨습니다. 이희로는 성품이 조급하며 중앙과 지방의 관직을 역임하며 좋은 성과가 없었습니다. 홍덕위는 정종의 상기가 끝나지 않았음에도 금년 초파일 저녁에 위위주부 서경의(徐擎宜)와

함께 술자리를 열어 즐겼으므로 특히 신하의 의리가 없습니다. 모두 풍헌(어사대 고관)직에 합당하지 않으니, 청컨대 내치십시오."

라고 하였으나 윤허하지 않았다. 다시 어사대가 논박하니 왕이 이를 따랐다. - 1047년(문종 원년) 8월

사례4) 어사대부에게 6부상서(장관급)와 동일 녹봉 지급을 규정

문반과 무반의 녹봉을 정하였는데 6부상서(六部尙書), 좌상시, 우상시, 어사대부(御史大夫), 중추원부사, 첨서원사, 한림학사승지, 삼사사, 중추원직학사, 판합문사, 상장군에게 300석의 녹봉을 지급하도록 했다. -1076년(문종 30년)

사례5) 어사대, 뇌물혐의 병마녹사 탄핵

어사대에서 아뢰기를, "영원병마녹사 우여유(禹汝維)가 변방의 백성을 침탈하고 어지럽게 하며 뇌물을 거두어 들였으니, 논죄할 것을 청합니다."라고 하니, 왕이 이를 허락하였다. -1090년(선종 7년) 7월

사례6) 중서성에서 어사대에 공정한 옥사를 건의

중서성(총리실)에서 아뢰기를, 어사대와 상서형부(尙書刑部; 법무부)에 명령하시어 무릇 감옥에 있으나 시비가 결정되지 않아 의심나는 자들을 빨리 결정하도록 재촉하여 원통하거나 과한 형벌이 없도록 하며, 사실이 아닌 것으로 고발한 것은 모두 무고하게 고발한 자에게 벌을 내리도록 하여 하늘의 경계에 답하신다면, 인정이 모두 즐거워하고 재앙이 변하여 복이 될 것입니다."라고 하니, 왕이 그 의견을 받아들였다. -1096년(숙종 1년) 4월

사례 7) 어사대, 민폐를 끼친 군부대를 해산

어사대에서 아뢰기를, "경기(京畿)에서 도적을 잡는 군사가 함부로 민호를 노략질하여 해가 도리어 심하니 그들을 해산하소서."라고 하니, 왕이 허락하였다. -1101년(숙종 6년) 10월 5일

사례 8) 외압에 대해 어사대 직무 거부 항의

어사대 관리가 3일간 업무를 보지 않았다. 이에 앞서 내시급사(內侍給使)가 어사대의 서리를 구타하고 모욕하였는데 어사대 관리가 물어서 밝히지 않았다. 또 태자부의 내수가 금령을 어기고 흰 비단으로 지은 버선과 바지, 검은 비단으로 지은 적삼과 검은 서대를 착용하였다. 어사대의 서리가 그것을 벗기려다가 도리어 구금당하는 일이 있었다. 어사대의 서리 서염 등이 어사대 관리에게 말하기를, "우리의 신분이 비록 낮지만 모두 법을 맡은 관청의 서리인데, 지금 내시에게 모욕을 당하였으니 어사대의 기강이 어떻게 되겠습니까? 철저히 논하여 공도를 바로 잡기를 원합니다."라고 하였으나 어사대의 고관은 우물쭈물하며 따르지 않았다. 서염 등 15인이 화를 내고 스스로 물러나는 바람에 남아있는 사람이 하나도 없게 된 것이다. -1118년(예종 13년) 4월

사례 9) 창녀를 처로 삼은 배경성 어사대 수장 전보 처분

창녀에게 장가든 배경성을 대간직이 아닌 지이부사로 삼다

배경성(裵景誠)을 지이부사(知吏部事)로 삼았다. 배경성이 승선(承宣)이었을 때 창녀(倡女)를 취하여 처로 삼자 간관이 말하기를, "배경성의 안에서의 행실이 이와 같으니 후설(喉舌)의 직책에 둘 수 없습니다."라고 하므로, 지어

사대사(知御史臺事)로 고쳐 제수하였다. 간관(諫官)이 다시 말하기를, "관리의 기강을 바로잡는 풍헌(風憲)은 더욱 마땅한 바가 아닙니다."라고 하며 계속해서 주장을 굽히지 않았으므로, 이 같은 명이 있게 되었다.[5]

『고려사』 17권 1143년(인종 21년) 9월

사례10) 압록강 수군 익사 사고의 책임을 물어 병마사를 처벌

어사대에서 아뢰기를, "압강도부서부사 윤수언과 병선 11척, 군졸 209인이 익사한 것은 병마사가 지휘를 하지 못하여 이에 이른 것이니, 그를 벌하기를 청합니다."라고 하니, 왕이 그 말을 따랐다.

-1147년(예종 1년) 1월

사례11) 어사대, 탐관오리들의 사면에 반대

왕이 각 도의 찰방사가 형틀을 씌워 압송한 탐관오리 35인을 사면하였다. 대감 전중시어사 진광인이 이들을 탄핵하지 못하였으므로 어사대가 사면을 반대하였으나 왕은 그들을 사면하였다. -1178년(명종 8년) 3월

사례12) 어사대, 숙부의 처와 간통한 장군을 참형

장군 주선(周瑄)이 그의 숙부 주영뢰의 처 대씨와 사통하였다. 일이 발각

---

5) 以裵景誠知吏部事, 景誠爲承宣, 取倡女爲妻, 諫官言, "景誠內行如此, 不可居喉舌之職." 改除知御史臺事. 諫官又言, "風憲, 尤非所宜." 論執不已, 故有是命.
고려사절요 〉 고려사절요 권10 〉 인종(仁宗) 21년 〉 9월 〉 배경성을 지이부사로 삼다

○ 가을 9월. 배경성(裵景誠)을 지이부사(知吏部事)로 삼았다. 배경선은 승선(承宣)이 되어 창녀(倡女)를 취해 아내로 삼았는데, 간관(諫官)이 말하기를 "배경성 아내의 행실[內行]이 이와 같으니 승선의 직임[喉舌之職]에 둘 수 없습니다." 라고 하였다. 지어사대사(知御史臺事)로 고쳐 제수하니 간관이 또 말하기를 "감찰[風憲]을 맡기는 것은 더욱 마땅하지 않습니다." 라고 하였다. 논란과 주장[論執]이 그치지 않았기 때문에 이 임명이 있었다.

되자 어사대가 대씨를 붙잡아 국문하다가 옥중에서 죽으니, 마침내 주선을 목 베었다. 판위위서 이서 또한 대씨 및 그의 두 딸과 사통하였다. 일찍이 섬에 유배되었다가 돌아왔는데 이에 이르러 그 사위인 대장군 김홍취가 구한 덕분에 면할 수 있었다. -1268년(원종 9년) 2월 25일

사례13) 어사대, 변란 때문에 헤어졌다 돌아온 아내를 돌보지 않는 관리들의 행위를 금지

어사대가 아뢰기를, "몽골 침략 경오년(1270)의 변란에 조관은 가속이 적에게 함몰되어 대개 재혼을 많이 하였습니다. 지금 적이 평정되어 옛 부인이 비록 돌아오는 경우에도 혹 몸을 더럽힌 것이 있을까 의심하거나, 혹은 신혼을 즐거워하여 마침내 옛 부인을 내쫓고 돌아보지 않아 인륜을 무너뜨리고 많이 원망하는 데 이르게 되니, 청컨대 금하십시오." 라고 하니, 왕이 따랐다. -1272년(원종 13년) 1월

사례14) 어사대, 지방 향리의 가렴주구를 조사하여 처벌

도평의사에서 상언하기를, "최근에 지방 수령들이 기강을 제대로 세우지 않아 각 도의 향리들이 제멋대로 자기의 욕심을 채우고 있습니다. 경정을 은닉하여 자신의 토지로 삼고, 양인을 모아 자신의 노예로 삼으며, 민간에게서 강제로 재물을 빼앗는 것이 끝이 없습니다. 마땅히 어사대 및 각 도의 안렴사로 하여금 가장 죄질이 나쁜 자들을 찾아내게 하여 거열형에 처하게 하고, 죄질이 가벼운 자는 곤장을 때려 유배를 보내십시오." 라고 하니 왕이 이를 따랐다. -1358년(공민왕 7년) 4월

사례15) 왕, 어사대의 반대에도 이자춘을 동북면 병마사로 임면

왕은 어사대의 반대를 무릅쓰고 이자춘을 동북면 병마사로 삼았다. 우리 환조(桓祖: 이성계의 부)가 판장작감사로서 동북면 병마사에 임명되자 어사대에서 상소하여 말하기를, "이자춘(李子春)은 동북면 사람이고 또 그 지역의 천호(千戶)이니 그를 병마사로 임명해서는 안 됩니다."라고 하였다. 그러나 왕은 어사대의 상소를 묵살하고 잔치를 베풀어 동북면으로 가는 것을 위로하였고 재추들도 또한 회빈문에서 전송하였으며 그가 부임길에 오르자 호부상서를 제수하였다. -1361년(공민왕 10년) 2월 15일

어사대의 판단은 정확했다. 공민왕이 이성계의 부 이자춘을 동북면 병마사로 파견한 처사는 호랑이에게 날개를 달아준 격이다. 만일 공민왕이 어사대의 상소를 받아들였더라면 고려제국은 그리 쉽게 망하지 않았으리라 생각된다.

4.
조선 공수처, 의금부 케이스 20선

우선 『경국대전』(1485년)과 『속대전』(1746년) 및 그 뒤의 법령을 통합해 편찬한 통일 법전 『대전통편』(1785년 정조 9)을 참조하여 조선시대 4대 사법기관을 포함한 7대 권력기관의 구조를 살펴본다.

1) 조선 7대 권력기관(4대 사법기관 포함) 직급별 인원 구조

(1) 의금부(공수처, 특별 법정): 판의금부사 종1품

- 당상관(4인): 판의금부사 종1품 1인, 지의금부사 정2품 1인, 동지의금부사 종2품 2인,
- 참상관(10인): 경력 종4품 5인, 도사 종6품 5인
- 참하관(120인): 영사(낭청)40인, 나장 80인

〈조선시대 4대 사법기관 포함 7대 권력기관 직급별 인원 일람표(대전통편)〉

서열	조선관청명	유사현대관청명	종1	정2	종2	정3	당상관	종3	정4	종4	정5	종5	정6	종6	참상관	7품	8,9품	참하관
1	의금부	공수처 특별법정	1	1	2		4		5			5		10	40	80	120
2	형조	법무부 사법부		1	1	1	3			5		3	4	12	6	70	76
3	사헌부	검찰청 감사원			1	2	3		2				13	17	20	35	55
4	포도청	경찰청			2	0	2			5		15		18	38	42	128	170
1	한성부	서울시 서울지검		1	2	0	3		1			1		2	4		60	60
2	승정원	대통령 비서실				6	6								0	2	25	27
3	사간원	국회 언론				1	1	1		2		1			3		19	19

출처) 『대전통편』 1785년(정조 9) 『경국대전』과 『속대전』 및 법령을 통합해 편찬한 통일법전을 참조하여 필자가 직접 작성

* 종1품: 부총리급, 정2품: 장관급, 종2품: 차관급, 정3품: 차관보급, 종3품: 1급 공무원, 정4품: 2급 공무원, 종5품: 3급 공무원, 정6품: 4급 공무원, 종6품: 5급 공무원 7품: 7급 공무원 8~9품: 8급 이하 공무원

* 당상관: 정3품(차관보) 이상의 고급관원/ 참상관: 종6품(사무관) 이상의 관원을 통칭하여 이르는 말이지만 여기서는 정3품 이상 당상관을 제외한 종3품~종6품 이상의 관원을 지칭/ 참하관: 7~9품 관리(주사~서기보)

* 공수처(의금부) 수장: 종1품 부총리급, 수뇌부 4인 모두 차관급 이상.

* 법무부(형조)판서: 장관1, 차관급1, 차관보1

* 검찰청(사헌부)대사헌: 차관급1인, 평검사격인 사헌부감찰 13인 직급 사무관급

* 경찰청(좌우포도청)대장: 차관급 2인, 6품 이상 관원 40명, 사헌부의 20명의 2배

(2) 형조(법무부, 사법부): 판서(정2품)

  o 당상관(3인): 판서(장관)1인 정2품, 참판(차관)1인 종2품, 참의(차관보)1인 정3품

o 참상관(6인): 정랑3인 정5품. 좌랑3인 정6품, 율학교수1인, 겸교수 1
　　　인, 별제2인 종6품
　　* 겸교수가 의금부와의 조율을 담당한다.[6]
　　o 참하관(76인): 녹사6인(7품), 서리 70인(8~9품)

(3) 사헌부(검찰청, 감사원): 대사헌(정2품)

　　o 당상관(3인): 대사헌(검찰총장) 종2품(차관급) 집의(執義; 대검차장) 1인
　　　종3품(1급),
　　o 참상관(17인): 장령(掌令;검사장) 2인 정4품, 지평(持平 부장검사) 2인
　　　정5품, 감찰(監察 평검사) 13인
　　o 참하관(80인) 녹사(검찰사무직) 55인, 8~9품 총75인

(4) 포도청(경찰청): 좌포도대장(정2품), 우포도대장(정2품)

- 당상관(2인): 좌우 포도대장(경찰청장) 2인 종2품
- 참상관(38인): 부장 5인 종4품, 종사관 15인 종5품, 군관 18인 종6품
- 참하관(170인): 사정 42인 정7품, 서리 128인 8~9품

(5) 한성부(서울시): 판윤 정2품

- 당상관(3인): 판윤 1인 정2품, 좌윤·우윤 각 1인 종2품
- 참상관(4인): 서윤 1인 종4품, 판관 1인 종5품. 주부 2인 종6품
- * 한성부 서윤 1인(종4품)은 오늘날 서울중앙지검장, 판관1인(종5품)은 서울중앙지검 차장 역할

---

6) 대전통편 이전(吏典) 경관직(京官職) 정2품아문(正二品衙門) 형조(刑曹)

(6) 승정원(대통령 비서실): 도승지(정3품)

- 당상관(6인) : 도승지, 좌승지, 우승지, 좌부승지, 우부승지, 동부승지 정3품 각 1인
- 참하관(3인): 주서 2인 정7품, 변가주서(事變假注書) 1인 정7품.

(7) 사간인(국회, 언론): 대사간(정3품)

- 당상관(1인) : 대사간(大司諫) 정3품 1인
- 참상관(4인) : 사간(司諫) 1인 종3품, 헌납 1인 정5품, 정언2인 정6품
- 참하관(19인): 서리 19인 (8,9품)

의금부, 형조, 사헌부, 포도청 조선시대 4대 사법기관을 포함한 7대 권력기관은 옥상옥도, 상명하복의 수직적 서열 관계도 아니었다. 조직 간 분업과 견제, 조화와 균형의 원칙이 작동했다.

일각에서 우려하고 있는 것처럼 공수처(의금부)가 검찰(사헌부) 경찰(포도청)의 법집행기관위에 군림하는 옥상옥 기관화하거나 통제할 수 없는 언터처블 기관화한 사례는 전혀 없다. 오히려 이들 사법기관 간 상호견제·균형·감시 메커니즘이 원활하게 작동되도록 권한의 적절한 배분과 조화를 이루는 각종 조치를 하여 왔음을 알 수 있다.

2) 「조선왕조실록」 의금부 케이스 20선

『조선왕조실록』에는 의금부 관련 사례가 1399년 1월 7일부터 한일 합방

2일 전인 1910년 8월 27일까지 19748건이나 기록되어 있다. 그 중에서 지면 관계상 20건의 사례만 소개하면 다음과 같다.

- 순군부에 명하여 형조에 체류된 죄수를 판결하게 하다. - 1399년(정종 1년) 1월 7일
- 김득광의 벼슬을 추증하여 주다.-1910년(순종 3년) 8월 27일

사례1) 의금부·형조·사헌부 업무 분장

- 1415년(태종 15년) 3월 3일
* 의금부 설치 이듬해 각 사법기관의 업무 분장 조치로서 범죄인을 문관은 이조에서, 무관은 병조에서 관리하게 하다.

   태종이 명하여 범죄인의 직첩(職牒; 인적사항)을 동반(문관)은 이조에서 수납하게 하고,

   서반(무관)은 병조에서 하게 하니, 이조의 청을 따른 것이었다. 이에 앞서 형조(刑曹)·사헌부(司憲府)·의금부(義禁府)에서 죄가 결정된 사람의 직첩을 각각 그 사(司; 소속 국)에다 수납하였다.

사례2) 의금부 관리의 직무 유기를 사헌부가 조사

- 1417년(태종 17년) 7월 19일. 신문고 처리를 태만한 의금부 관리를 사헌부에 조사를 명하다

   의금부 부진무(副鎭撫 종2품) 최선(崔宣)을 파면하라고 명하였다. 처음에 한정(韓靖)의 후손 한월(韓鉞) 등이 노비의 사건 때문에 신문고를 쳤는데 도관관리(서울시 관리)가 시일을 오래 끌고 처리하지 않는 것을 호소하고자 하니, 의금부 최선과 도사 김고(金顧) 등이 저지하였다. 임금이 듣고 사헌부에

내리어 사실을 조사하여 아뢰라고 명하였는데, 이때에 이르러 죄를 청하였다. 최선은 파면하고 김고는 논하지 말라고 명하니, 김고는 사정을 알지 못하였기 때문이었다.

사례3) 상왕을 사찰한 사헌부 관료를 의금부에서 처리

- 1420년(세종 2년) 4월 24일
상왕을 사찰한 사헌부 고위 간부를 의금부에서 처벌하도록 명함

상왕(태종)이 풍양에서 낙천정으로 돌아오니, 임금(세종)이 충량포에 나아가 영접하였다. 상왕이 목장 가운데에 이르러 말을 세우고, 쫓아가던 재상 등을 말 앞에 나오게 하고 말하기를,

"사헌부에서 병조 영사(兵曹令史; 법무부 국장급)를 불러서 나의 거동을 물었다 하니, 이것이 무슨 예절이냐. 홍여방은 공신의 아들로 사헌부의 장이 되어 거만스럽게 나의 거동을 묻고 주상에게 고하여 금지시키라고 하여, 마치 백관을 규탄하는 것 같이 하였으니, 그래, 나를 옛 임금으로 여긴다고 하겠는가.

고려 말년에, 모든 죄 있는 자를 혹시 귀양 보내게 명령하였어도 사헌대에서 붙들고 보내지 아니하고 다시 국문하려 하였나니, 이것은 신하로서 임금을 거역하는 것이라."

(중략) 박은과 이원이 문안하고 아뢰기를,

"사헌부가 매우 무례하였사오니, 이제 의금부에 하옥하고 국문하는 것이 의당하오이다."

하므로, 상왕이 사헌부 집의(대검차장) 박서생(朴瑞生)과 장령(검사장) 정연(鄭淵)을 의금부에 국문하라 명령하였다.

사례4) 사헌부 사건을 신문고를 통해 의금부로 이관

1427년 (세종 9년) 6월 23일 사헌부의 업무 처리에 불만을 품은 여종이 신문고를 치자 세종이 의금부로 이관하여 처리하게 했다.

　효령 대군의 여종 동백이 신문고를 울리어 말씀을 올리기를,
　"상전(효령 대군의 부인)의 시양부인이 죽었는데 그 피붙이인 이맹유와 남지가 그 재산을 차지하고자 사헌부에 무고하였습니다. 효령 대군 부인도 고소장을 내어 시비의 판단을 청하였으나, 사헌부에서 들어주지 아니하고 이맹유 편만 들어주었습니다.
　또 이맹유가 권씨의 초상 때 며칠 동안에 빈소를 모시던 계집종 진주를 간통하여 첩을 삼아서 상복도 벗기고 고기도 먹이었는데, 사헌부는 그 죄를 면제해 주기 위하여, 거짓말로 진주의 상복을 벗긴 자는 계집종의 아들 석로였다고 허위 날조로 문초를 하니, 석로가 그대로 복종하지 아니하므로 심하게 고문을 자행하며, 이맹유의 종제인 겸집의 숙당까지 자기가 이맹유의 종제되는 혐의도 생각지 않고 공공연히 참석하여 국문한 것도 심히 공정하지 못한 일이오니, 소관 관아로 하여금 그 사유를 국문하게 하시기를 빕니다." 하니, 의금부에 내려 국문하게 하였다.

사례5) 사헌부의 과실을 의금부가 처리

1433년(세종 15년) 8월 18일 사헌부 관리(검찰)의 과실을 의금부(공수처)로 하여금 잘 알게 하라는 세종의 업무조정이다.

　한원군 조선(趙璿)이 상언하기를,
　"부사정(종7품 무관) 장삼이 신과 더불어 집터를 다투었는데, 서로 만났을

때 앉았다 일어섰다 하면서 험악한 말을 함부로 하며 팔뚝을 걷어붙이고 주먹을 휘두르기에, 사연을 갖추어 사헌부와 형조에 고소하였더니 모두 각하하고 받지 아니합니다."

하니, 즉시 장삼과 대사헌(검찰총장격) 신개와 집의(대검차장) 송포와 장령(검사장) 송기와 지평(부장검사) 홍상검과 형조 참판(차관) 허성·봉여 등을 의금부에 내리어 심문하게 하였다.

사례6) 의금부와 타 기관과의 업무조정

1433년(세종 15년) 8월 19일
사례5)의 다음 날 케이스로 의금부, 사헌부, 한성부, 형조, 승정원(대통령비서실)의 역학 관계와 세종의 조정자 역할이 잘 나타나 있어 흥미롭다.

세종 임금이 승정원에 이르기를,
"사람이 성인이 아니면 누가 과실이 없을 수 있으랴. 이제 조선의 일로 하여 의금부에 내리도록 명한 것은 유사들의 죄가 아주 무겁다 하여서가 아니었다. 조선은 나의 지친이요, 조선의 집터는 곧 태종께서 주신 것인데, 한성부에서 마음대로 장삼에게 준 것이 잘못이었고, 삼이 또 게다가 능욕까지 하였으므로, 선이 분하고 답답해서 고소한 것인데, 형조나 사헌부에서 억누르고 받지 않은 것이 잘한 일이었는가. 강한 자를 누르고 약한 자를 도와준다는 것은 실로 아름다운 법이지마는, 그러나 유사가 시비를 헤아리지 아니하고 오로지 강한 자를 누르고 약한 자를 도와주는 것만 생각하기 때문에, 낮은 자로서 높은 자를 능멸하는 자가 흔히 있으니, 낮은 자로서 높은 자를 능멸하는 것은 그 악함이 심한 것이니, 그런 풍습은 조장할 수는 없는 것이다. 이제 명나라 육부 상서(六部尙書)는 수십 년 동안 변동이 없이 그 임무를 오래 보고 있으니, 내가 매우 가상하게 여긴다. 또 들으니, 우리나라 관리가 사헌부에 임명되면, 의금부의 옥졸들이 말하기를, '오늘은 비록 사헌부에 앉아 있지만 내일은 반드시 하옥되어서 우리들의 제재를 받으리라.'고 한다니, 내가 매우 밉게 생각하여, 근래에 사헌부에 작은 잘못이 있더라도 모두 덮어 두고 논하지 아니하여 안전을 보존시키고자 하는데, 이 일에 있어서는 내가 부득이하여 심문하게 한 것이니, 의금부로 하여금 나의 뜻을 잘 알게 하라."

사례7) 의금부와 사헌부 업무 협조
1448년(세종 30년) 12월 28일
사헌부가 의금부에 고위 공직자를 처벌하도록 요청한 사례다.

멋대로 관직을 제수한 병조 관리를 의금부에 내려 국문케 하다.

사헌부에서 아뢰기를

"병조 관리가 상중에 있어 상제를 마치지 아니한 김준에게 어란포 만호를 주고, 1번 갑사 부사정(副司正 종7품무관) 함극명을 마음대로 2번으로 옮겨 사정(司正정7품 무관)으로 올려 주었으니, 모두 제수의 대사에 관계됩니다. 청하옵건대, 의금부로 하여금 모두 국문하게 하소서."

하니, 그대로 따랐다.

사례8) 한성부에서 우선 심문하도록 업무 조정

1452년(단종원년) 8월 6일 수도권에서 발행한 형사 사건을 우선 한성부에서 국문하도록 업무를 조정하였다.

한성부에서 아뢰기를,
"미사리 피밭 가운데 유기한 어린아이가 있었는데, 이미 제생원(濟生院)에 주어서 양육하게 하였습니다. 청컨대 전례에 의하여 본부와 형조·의금부로 하여금 같이 국문하게 하소서."
하니, 명하여 우선 한성부로 하여금 국문하게 하였다.

사례9) 의금부, 사헌부 수뇌부전원 구속송치

1455년(단종3년) 5월 1일 실권을 장악한 세조가 사헌부(검찰청) 대검차장과 검사장 2인, 부장검사1인 등 사헌부 수뇌부 전원을 의금부에 구속·송치한 이례적인 사례다.

사헌집의(司憲執義, 대검차장)윤흠을 의금부에 가두었다. 처음에 조칙을 맞이하기 위하여 광화문 밖에다 장식을 했는데, 부녀자들과 함께 희희덕거리는 중의 무리를 사헌부에서 도첩이 없는 자 여러 명을 잡아다가 문초했다. 중 처녕(處寧)이 입을 다물고 대답하지 않으므로, 사헌부에서 신문하기를 엄하게 했다. 처녕이 이언, 장령(검사장) 이승소·유자면, 지평(부장검사)등 사헌부 고관이 위법하여 형벌을 함부로 하였.' 의금부의 신문고를 두드리고 호소하였다.

세조가 사헌부 아전을 불러다가 물으니, 아전이 말하기를,
"그런 일은 없었습니다." 하였다. 세조가 다시 신문을 가하니.

"형벌을 함부로 가한 일을, 장령(검사장)과 지평(부장검사)이 저로 하여금 숨기게 하였습니다."

하니, 세조가 말하기를,

"사헌부는 백관의 잘못을 바루는 곳인데, 먼저 금령을 범해서야 되겠는가? 마땅히 가두고 국문해야겠다."

하고, 마침내 의금부로 계문(啓聞 구속 송치)했다.

사례 10) 사헌부, 의금부도사 처벌

1460년(세조 6년) 6월 18일 사례9)와 반대로 사헌부(검찰청)가 의금부도사(공수처 검사)를 처벌한 사례다.

세조가 사헌부에 전지하기를, "의금부도사 최서는 북평관의 금란관으로서 출근하지 않아, 야인들이 감호관에게 무례하게 구는 것을 검거하지 못하였으니, 그를 추국하여서 아뢰어라." 하였다.

사례 11) 의금부, 허위 사실 유포 고관 능지처참형 구형

1470년(성종 1년) 1월 23일 의금부에서 난언(허위 사실 유포)를 한 김치운의 죄가 능지처사(산 채로 회를 떠 죽임)에 해당함을 아뢰다.

의금부에서 아뢰기를, "김치운이 난언한 죄는 형률에 모반 대역에 해당되므로 능지처사(凌遲處死)하고, 재산은 모두 관청에 몰수하고, 부자의 나이 16세 이상은 모두 교형(絞刑 교수형)에 처해야 하며, 사비 백장과 양민 박말동·김의생과 화자 고미와 장교 소남과 사노 정모지리 등이 김치운의 난언(亂言)을 듣고도 고발하지 않은 죄는 형률에 각각 장 1백 대에, 삼천리 유배형(삼천리 유배형은 유배형 중에서도 사형에 맞먹는 중형)에 해당되는데, 백장은 홑옷을 입혀 곤장을 맞게 하되, 고미는 나이 80세이니 논죄하지 마소서." 하니 그대로 따랐다. 김치운에게는 졸곡 후에 사형을 집행하고, 그 아비는 사형을 감면시켜 종으로 삼도록 명하였다.

사례 12) 사헌부, 의금부 수사관을 처벌
1470년(성종 1년) 7월 6일 사헌부(검찰청)가 의금부 낭청(의금부 수사관 6급 공무원)을 추국하게 한 사례다.

　승정원에서 아뢰기를, "부상(富商) 김득부가 김정광에게 뇌물을 주었는데 의금부에서 구금하지도 아니하였고, 또 조사 명단에도 빠뜨렸으니, 청컨대 이를 국문하게 하소서."
　하니 전지하기를, "뇌물을 공여한 김득부도 다른 사람의 예에 의하여 죄를 정하고 의금부 낭청을 사헌부로 하여금 추국하게 하라."

사례 13) 사헌부, 의금부 간부를 국문
1475년 (성종 6년) 5월 6일 사례10)과 반대로 사헌부에서 의금부 간부를 뇌물죄로 추국하게 한 사례다.

　"의금부 경력(종4품) 송희헌은 전에 호조 좌랑으로 있을 때에, 여러 능(陵)에 들어간 묵은 밭의 주인의 고소장이라고 속여 창원·개령 등 고을의 공전 총 18결 80부를 차지하고서, 문서를 조작하여 자기의 소유로 만들었습니다. 탐오(貪污)한 죄상이 이미 드러났는데도 구차하게 벗어나려고 남에게 죄를 돌렸으니, 청컨대 당자를 가두고 고문하여 실정을 알아내소서."

하였다. 임금이 영의정 정창손에게 묻기를,

"이것은 조관이 감히 할 짓이 아니니, 사헌부로 하여금 가두고서 국문(鞫問)하게 하는 것이 어떠한가?" 하니, 정창손이 대답하기를,

"옳습니다."

하므로, 임금이 사헌부에서 아뢴 대로 따랐다.

사례14) 대사헌, 의금부 형조 포도청을 규탄

1485년(성종 16년) 7월 22일 임금이 대사헌(검찰총장)이 의금부와 형조 포도청의 백성의 인권을 무시하는 처사를 지적하자 사헌부의 편을 들어 준 희귀한 사례다.

사헌부 대사헌(검찰총장) 이경동이 차자(箚子 긴급보고)를 올리기를,

"형조와 포도청이 저자 사람의 옥사에 잡아 가둔 자가 1백 50여 명에 이르고 있으며, 공초하는 말이 미치게 되면 곧바로 체포하니, 의금부에서 이를 수용하지 못하여 전옥에 나누어 가두고, 그 밖에 가두지 않고 추국하는 자도 있어, 그들의 친족과 인척의 무리가 보고 들으며 음식을 이바지하려고 길 위에서 분주하여 저자가 텅 비어서 공장(工匠)과 상인이 생업을 잃고 있습니다. 중략 신 등은 생각하건대, 형벌로 추국하는 데 힘쓰게 되면 원통한 자가 많이 생기고 정상을 알아내기 어려우며, 기한을 정하여 그 자수를 허락하면 원통한 자가 적고 정상을 알아내기 쉬울 것입니다."

하니, 전교하기를,

"사헌부의 말이 과연 옳다. 그러나 시정의 사람으로서 집정 대신을 꾸짖어 욕함은 무도함이 막심하므로, 내가 엄하게 징계하려 한다. 그 중에 죄 없는 자가 오래도록 옥에 갇혀 여러 날 생업을 잃고 있는 것은 진실로 애매

하다. 그러나 오랫동안 갇히어 곤궁하고 괴로우면 반드시 고하는 자가 있을 것이다." 하였다.

사례15) 의금부, 사헌부 관리 기소 구형

1385년 (성종 16년) 6월 26일 의금부가 사헌부(검찰 사무직)의 위법 행위에 기소 형벌을 구형한 사례다.

의금부에서 아뢰기를,

"사헌부의 금란서리 김경손과 나장 조승로 등이 저자 사람들과 모여 술을 마신 죄는, 곤장 70대에 해당합니다."

하니, 성종이 전교하기를,

이 무리의 죄가 무거우니, 전가족 변방으로 축출하고 지금부터 항례(변하지 않는 법칙)로 삼도록 하라.

사례 16) 포도청, 업무를 의금부에서 처리하도록 요청

1593년(선조 26년) 10월 18일

포도_대장 이일이 선릉·정릉 발굴 죄인을 추국할 것을 청하다

우변 포도_대장 이일이 아뢰기를,

"군관 겸사복(兼司僕) 유정명이 고하기를 '풍저창의 종 팽석이 왜적들과 결탁하여 심지어 선릉·정릉으로 유인하여 발굴한 상황을 대강 승복했다.'고 했습니다. 죄가 무거운 자라서 포도청에서 추국하기가 미안하기 때문에 감히 아룁니다."

하니, 전교하기를,

"의금부로 하여금 추국하게 하라." 하였다. 뒤에 의금부가 강상(綱常 하극상)에 관한 범죄임을 들어 삼성 추국을 청했다.

사례 17) 사헌부, 조직을 비호한 의금부의 고관 기소
1615년 (광해 7년) 7월 8일

사헌부가 아뢰기를, "원옥(冤獄)을 심리하는 것은 실로 성상께서 죄인을 불쌍히 여기는 성대한 뜻에서 나온 것이나, 죄가 국가에 관계되어 용서해서는 안 될 죄인을 두고 말한 것은 아닙니다. 동지의금부사 박이서(朴彛敍)는 국법을 무시하고 한갓 같은 당파를 비호할 마음만 품어 동료들의 의견을 배척한 채 감히 이명·김시언·정복형 등을 임의대로 서계하였습니다. 이 사람들의 죄상은 모두 임금을 저버리고 역적을 비호한 것으로서 분명하게 녹안에 실려 있어 여러 차례 큰 사면령을 겪었어도 용서받지 못하였습니다.

조직을 이미 잡아 가두었으면 의금부에서는 마땅히 사유를 갖추어 품지하여 국문의 체모를 정했어야 합니다. 그런데 잡아 가둔 다음날 장관을 기다리지도 않은 채 지레 스스로 취초하여 입계해 마치 평범한 죄인을 다루듯이 하였습니다. 모두가 조직을 비호한 죄를 면할 수 없으니, 이춘원·윤길 및 금부의 당상과 낭청을 아울러 파직하고 서용하지 말라 명하소서."

하니, 답하기를,

"의금부 당상은 체차하여 추고하고 낭청은 추고하라. 박이서의 일은 지나치니 추고만 하라. 나머지 일은 아뢴 대로 하라." 하였다.

사례 18) 의금부의 사건 처리에 재수사

1689년(숙종 15년) 3월 7일 의금부에서 처결한 죄인에 대해 미심한 점이 있을 적에 사간원과 사헌부에서 이를 다시 조사하여 아뢰는 발계(發啓)라는 독특한 제도를 활용한 사례다.

 임금이 말하기를, "홍치상의 죄는 만 번 죽여도 진실로 애석할 것이 없다. 사죄(死罪)를 용서하려는 것은 사은이고 경들의 말은 공법(公法)이다. 그러나 당초 용서하려 하였기 때문에 차마 참하지 못하겠다." 하였다. 대사간(大司諫) 이현기·장령 성진이 함께 발계하여 율에 따라 처치하기를 청하였으나 임금이 따르지 않았다. 그리고 말하기를,
 "내가 차마 홍치상을 참하지 못하지만 양사(兩司 사헌부와 사간원)의 안법론(按法論; 법에 따라 심판)은 옳다."

사례19) 사헌부, 의금부보다 포도청에서 심문하도록 요청

1700년 (숙종 26년) 2월 3일 사헌부, 의금부의 고문으로 인한 자백의 증명력에 의문을 제기, 포도청에서 우선 심문하도록 요청

 사헌부에서 논핵하기를,
 "전 부사 채이장이 그가 승진의 자리에 막혔다고 화를 내고, 몸소 공조 참의 윤덕준의 집에 이르러 방자하게 면전에서 꾸짖었는데, 청컨대, 삭탈관직하게 하소서."
 "포도청에서 추문할 때에 자백한 자가 많는데, 의금부에서 다시 추국할 때에는 한결같이 포도청의 한 말을 변경하였습니다. 반드시 허다한 사정이

있었을 것이지만, 의금부의 법에 의한 장형 아래에서는 자백을 받을 도리가 없습니다. 청컨대, 포도청에 이송하여 엄하게 사실을 조사하여 그 실정을 캐도록 하소서." 하였는데, 여러 번 상소하자 비로소 윤허를 내렸다.

사례20) 의금부, 형조 간부 처벌

1778년 (정조 2년) 9월 27일 의금부(공수처)가 죄수의 죄를 은폐한 형조참의(법무부 국장)을 처벌하도록 한 사례다.

　정조가 하교하기를,

　죄수의 죄의 내용을 은폐한 형조 참의 이진규는 삭직시키도록 하고, 낭청(6급 공무원) 유환덕은 죄가 당상과 차이가 있으니 파직하도록 하라. 옥관(교도관) 이창원은 본 일을 숨기고 방면하지 않은 죄인을 거짓 방면한 것으로 썼으니, 더욱 극도로 무상한 처사이다. 의금부에 내려 엄히 감처하게 하라.

5.
공수처 설치는
유엔부패방지협약 의무

• 각국은 자국 법체계의 기본 원칙에 따라 부패방지기구가 한 개 이상 존재하도록 보장해야 한다.[7] - 유엔부패방지협약 제6조

21세기 지구촌 시대 세계 각국은 권력형 부패의 방지와 척결을 국가의 생존문제로 인식하고 자국의 헌정 상황과 글로벌 스탠더드에 적합한 부패 통제 시스템을 구축하기 위해 갖은 노력을 기울이고 있다.

2003년 10월 31일 국제연합총회는 유엔부패방지협약(United Nations Conention against Corruption)을 채택했다. 이 국제 협약은 세계인권선언처럼 선언적 의미만 있는 게 아닌 법적 구속력 있는 국제 협약[8]으로서 반부패 관련 최고 지위와 권능을 지닌 세계 헌법이라고도 할 수 있다. 2021년 2월 말 현재 유엔부패방지협약에 가입한 유엔 회원국은 181개국이다. 우리

---

7) Each State Party shall, in accordance with the fundamental principles of its legal system, ensure the existence of a body or bodies, as appropriate, that preent corruption by such means.
8) 구속력 있는 국제조약인 유엔부패방지협약 대다수 조항의 서술어가 '할 수 있다(can)'가 아닌 '하여야 한다(shall)'로 되어 있다.

나라는 2003년 12월 10일에 서명하여, 2008년 3월 27일에 비준하였다.

유엔부패방지협약처럼 법적 구속력을 갖는 국제 협약에 가입한 모든 국가는 이를 준수하여야 할 의무를 진다. 협약 미가입국 12개국(서명은 하였으나 비준은 하지 않은 국가는 시리아와 바베이도스 2개국, 서명도 비준도 하지 않은 나라는 북한, 소말리아, 수리남, 통가, 안도라, 모나코, 세인트킷츠네비스, 세인트빈센트, 그라나다, 산마리노 10개국 외 모든 유엔 회원국은 유엔부패방지협약을 국내법으로 수용하거나 그에 상응하는 별도의 제도 개선 조치를 취해야 할 책임과 의무를 진다.

유엔부패방지협약은 민주주의와 법치를 해치고, 인권을 유린하고 시장을 왜곡하는 부패를 척결함으로써 세계인의 삶의 질을 향상시키는 데 목적이 있다(제1조). 각국 정부가 이를 위해 1개 이상의 반부패기구의 설치 의무화(제6조)와 사법부 구성원의 청렴성 강화·부패방지 제도화(제11조) 등을 골자로 하고 있다. 세부 내용은 광범위한 부패 행위에 대한 각국 정부의 범죄 규정, 공무원의 직권 남용(제19조)과 부정 축재(제20조)의 처벌 법제 정비와 공무원 범죄의 효과적인 수사·소추·재판의 적절한 균형 유지와 법제화(제30조), 정치 지도자가 수탈한 국가 자산의 차기 정부 환수 규정 명문화(제31조) 등이다.

2) 유엔부패방지협약 7대 핵심 조항

> 제6조(부패방지기구)
> **1. 각 당사국은 자국 법체계의 기본 원칙에 따라 부패를 방지하는 기구가 하나 이상 존재하도록 보장해야 한다(shall).**
> 2. 각 당사국은 자국 법체계의 기본원칙에 따라 부패방지기관이 부당한 간섭을 받지 않고 효과적으로 그 임무를 수행할 수 있도록 필요한 독립성을 부여해야 한다.

제11조(사법부와 소추기관에 관한 조치)
1. 각 당사국은 사법부의 독립과 부패 척결에 사법부의 중대한 역할을 명심하면서 자국 법체계의 기본원칙에 따라 사법부의 독립을 저해하지 아니하고 사법부 구성원의 청렴성을 강화하고 부패 기회 방지조치를 해야 한다.

제19조(직권남용)
각 당사국은 공무원이 직무 수행 시 공무원 자신 또는 다른 사람이나 단체가 부정한 이익을 얻게 할 목적으로 고의로 직권 또는 직위의 남용, 위법 행위를 한 경우, 이를 범죄로 규정하는 입법 및 그 밖의 조치를 채택할 방안 마련을 추진해야 한다.

제20조(부정 축재)
각 당사국은, 자국의 헌법 및 법체계의 기본 원칙에 따라 부정 축재, 즉 공무원이 자신의 합법적 수입과 관하여 합리적으로 설명할 수 없는 현저한 자산 증식을 고의로 행한 경우, 이를 범죄로 규정하는 입법 및 그 밖의 조치를 채택할 방안 마련을 추진해야 한다.

제30조(기소 재판)
2. 각 당사국은 임무 수행을 위하여 자국의 공무원에게 부여된 면제와 특권으로 필요한 경우, 이 협약에 따라 규정된 범죄의 효과적인 수사·소추·재판의 가능성 간의 적절한 균형을 확립하거나 유지하기 위하여 자국의 법체계와 헌법상 원칙에 따라 필요한 조치를 해야 한다.

제31조(동결, 몰수 환수)
각 당사국은 이 조 제1항에 규정된 항목(정치 지도자의 부정 축재)들을 종국적으로 몰수하기 위하여 확인·추적·동결 또는 압수를 가능하게 하는 데 필요한 조치를 해야 한다.

제65조(협약의 이행)
* **1. 각 당사국은 이 협약상 의무의 이행을 보장하기 위하여 자국 국내법의 기본원칙에 따라 입법적·행정적 조치를 포함하여 필요한 조치를 취한다.**[9]
2. 각 당사국은 부패의 방지·척결을 위하여 이 협약에서 규정한 조치보다 더 엄격하고 엄중한 조치를 채택할 수 있다.[10]

영어는 조동사가 매우 중요하다. 국제협약에서도 그렇다. 세계인권선언과 한미소고기수입위생조건 기술협정 등 법적 구속력이 없는 국제협약 조항에는 주로 will, may, can을 사용한다. 반면에 유엔부패방지협약(UNCAC), 핵확산금지조약(NPT), 자유무역협약(FTA) 등 법적 구속력이 있는 국제협약 조항에는 주로 'shall'을 사용한다. 유엔부패방지협약 총8개장 71개 조항에는 조동사가 모두 419개가 있는데 shall(해야 한다) 277개, may(할 수 있다)는 133개, will(하려 한다)은 9개로 'shall'이 전체조항의 66%나 차지하고 있다. 유엔부패방지협약의 7대 중요 조항 중에서 최고 핵심조항은 제6조 1(1개 이상 부패방지기구 설치)과 제68조 1(협약의 이행 의무)이다.

제6조(부패방지기구) 1. 각 당사국은 자국 법체계의 기본 원칙에 따라 부패를 방지하는 기구가 하나 이상 존재하도록 보장해야 한다(shall).

제65조(협약의 이행) 1. 각 당사국은 이 협약상 의무의 이행을 보장하기 위하여 자국 국내법의 기본원칙에 따라 입법적·행정적 조치를 포함하여 필요한 조치를 취해야 한다(shall).

한마디로 위 양대 핵심 조항은 권장 사항도 아니고 옵션 사항도 아니고 '강추'도 아니다. 유엔부패방지협약은 북한이 탈퇴하여 핫 이슈가 된 핵확

---

9) 1. Each State Party shall take the necessary measures, including legislative and administrative measures, in accordance with fundamental principles of its domestic law, to ensure the implementation of its obligations under this Convention.
65조 2. 각 당사국은 부패의 방지·척결을 위하여 이 협약에서 규정한 조치보다 더 엄격하고 엄중한 조치를 채택할 수 있다(may)
Each State Party may adopt more strict or severe measures than those provided for by this Convention for preventing and combating corruption.

10) Each State Party may adopt more strict or severe measures than those provided for by this Convention for preventing and combating corruption.

산금지조약(NPT)처럼 일단 가입했으면 탈퇴하지 않는 한 "~해야만 한다(shall)"는 이행 의무가 발생하고, 법적 구속력이 있는 국제협약이다.

국제 의무와 양립할 수 없는 과거의 관행 또는 법제가 계속 국내적으로 시행될 때는 국제법 위반이 성립된다. 국제 판례의 입장도 국내법 규정이 국제협약에 우선할 수 없으며 가입국은 국제조약상의 국제의무이행을 확보하는 데 필요한 국내법의 수정을 법적 의무로 지적하고 있다. 즉 가입국은 협약규정에 부합하지 않는 기존의 국내법은 개폐하고 필요한 입법적인 보완을 강구함으로써 국제법 원칙을 국내법에 도입, 실천할 의무를 진다.

3) 세계 반부패기관과 한국의 공수처

2003년 유엔부패방지협약 채택 이전 반부패기구(이하 '공수처'라 함)를 설치한 나라는 영국과 프랑스 뉴질랜드 등 12개국에 불과했다. 그러나 유엔부패방지협약 채택 이후 오스트리아, 캐나다, 러시아, 폴란드, 슬로베니아, 케냐, 베트남, 부탄, 우크라이나 그리고 한국 등 44개국이 공수처를 신설했다. 2021년 6월 현재 공수처를 설치한 나라의 수는 모두 57개국(EU, 홍콩, 마카오, 케이맨, 터크스제도 포함)이 된다.

이는 유엔 부패방지 협약 제6조 1항, "각 당사국은 자국 법체계의 기본원칙에 따라 부패를 방지하는 기구가 하나 이상 존재하도록 보장해야 한다"와 협약 65조 1항 "각 당사국은 이 협약상 의무의 이행을 보장하기 위하여 자국 국내법의 기본원칙에 따라 입법적·행정적 조치를 포함하여 필요한 조치를 취한다"에 따른 각국의 국내법 제도화 조치다.

별도의 부패 방지 전담기관을 설치하지 않은 미국, 독일, 일본, 스웨덴, 핀란드, 스위스 등 법제 선진국들은 기존의 감찰기관, 회계검사기관, 검찰 경찰 등 법 집행기관, 법원 등 법 적용 사법기관, 또는 국가정보기관 등의 다원적 부패 통제 시스템을 개선해나가는 법제 개선 조치를 하여왔다. 권력기관 간 상호 견제 균형 감시 메커니즘이 원활히 작동되도록 감찰권, 기소권, 수사권, 조사권, 체포권, 정보 수집 심사권 등을 적절히 배분하는 조치를 취해왔다.

6. 세계 57개 공수처 설치 국가

1) 귀감과 타산지석

귀감(龜鑑)이란 거울로 삼아 본받을 만한 모범을 말한다. 귀(龜)는 거북의 등을 위에서 본 모습이다. 옛날 중국에서는 거북의 등을 불에 구워 그것이 갈라지는 균열을 보고 사람의 장래나 길흉을 점쳤다. 감(鑑)은 자신의 아름다움과 추함을 보기 위해 대야에 물을 떠놓고 자기 모습을 비추어 보는 것을 말한다. 즉 거울 앞에서 '자신을 돌아보고 바로 잡는다'는 뜻이 귀감이다.

타산지석(他山之石)이란 다른 산의 나쁜 돌이라도 자신의 산의 옥돌을 가는 데에 쓸 수 있음을 뜻한다. 즉 본이 되지 않는 타인도 자신을 개선하는 데 도움이 될 수 있음을 비유적으로 이르는 말이다.

이러한 귀감과 타산지석의 법학 연구 방법론이 비교 법학 방법론이다. 비교 법학의 목적은 외국과의 비교 대비함으로써 자국의 입법상 개선을 모색하려는 것이다.

우리나라 권력형 부패 방지에 귀감과 타산지석이 되는 싱가포르, 영국, 홍콩, 대만, 부탄의 공수처와 G2 미국과 중국의 반부패기관을 톺아 보도록 하겠다. 공수처의 조직 및 기능 주요 권한 등을 파악하고 제도적 요건을 상호 비교하고 이들 부패 방지기관과 회계검사기관(감사원), 법 집행기관(경찰과 검찰), 사법기관(법원) 등을 부패 통제시스템의 일부로서 갖는 전반적인 특징과 상호협력 관계 등을 살펴 보겠다.

[표1] 세계 주요국가 공수처(반부패기관) 일람표

국가	기관명	설립연도	소속	권한	2018	2020
한국	CIO	2020	독립	수사권, 기소권	45	33
뉴질랜드	SFO	1990	독립	기소권, 수사권, 계좌추적권	2	1
대만	AAC	2010	법무부	수사권, 조사권, 감찰권, 긴급체포권	31	28
라트비아	CPCB	2002	독립	기소권, 수사권, 긴급체포권	41	42
러시아	ICR	2011	대통령	기소권, 조사권, 감찰권, 수사권	149	129
루마니아	NAD	2014	법무부	반부패특별검찰권, 기소권, 수사권	61	61
리투아니아	SIS	2013	독립	기소권, 수사권, 조사권, 긴급체포권	38	35
마다가스카르	BIANCO	2004	독립	부패예방, 반부패교육	152	149
말레이시아	ACA	1967	총리실	기소권, 수사권, 체포권, 재산몰수권	56	57
모리셔스	ICAC	2002	대통령	조사권, 수사권, 반부패교육권	56	52
미얀마	ACC	2014	독립	체포권, 기소권, 수사권,, 직위박탈권	152	137
방글라데시	ACC	2004	총리실	수사권, 조사권, 정보수집권	99	146
베트남	CSCAC	2013	중앙당	기소권, 조사권, 수사권, 자산동결권	120	104
부탄	ACC	2005	독립	기소권, 수사권, 직무정지권	25	24
스페인	SA	1984	독립	기소권, 수사권, 조사권, 긴급체포권	41	32
슬로베니아	SCPC	2010	법무부	기소권, 정보수집권, 기관경고권	36	32
싱가포르	CPIB	1952	총리실	기소권, 체포권, 수사권, 계좌추적권	3	3
아르헨티나	OAC	1999	대통령	조사권, 정보수집권	85	78
아제르바이잔	CCC	2005	독립	조사권, 반부패교육	152	129
영국	SFO	1987	독립	기소권, 수사권, 정보자료요구권	11	11
영국	CPSI	2000	독립	기소권, 수사권, 검찰청 감찰기관	11	11
오스트리아	BAK	2010	내부부	기소권, 수사권, 부패 예방 포괄 조치	14	15

국가	기관명	설립연도	소속	권한	2018	2020
우크라이나	NADA	2014	독립	기소권, 수사권, 긴급체포권	138	117
	HACC	2019	사법부	반부패고등법원		
유럽연합	OLAF	1997	독립	조사권, 정보수집권	-	
인도	CC	1964	독립	조사권, 정보수집권	71	86
인도네시아	CEC	2002	독립	기소권, 수사권, 조사권	99	102
자메이카	OCA	2007	독립	기소권, 수사권, 조사권	70	69
중국	CCDI	1949	중앙당	수사권, 직위박탈권, 재산동결권	87	78
	NSC	2018	독립	수사권, 직위박탈권, 재산동결권		
캐나다	UPAC	2011	독립	기소권, 조사권, 정보자료요구권	9	11
카메룬	NACO	2004	총리실	조사권, 정보수집권	152	149
케냐	EACC	2011	대통령	조사권, 정보수집권	152	124
태국	NCCC	1997	독립	기소권, 지위박탈권, 조사권	99	104
파키스탄	NAB	1999	독립	조사권, 자산동결권, 기소권	117	124
파푸아뉴기니	ITFS	2011	총리실	조사권, 정보수집권	144	142
폴란드	CAB	2006	총리실	기소권, 수사권, 부패예방포괄 조치	36	45
프랑스	SCPC	1993	법무부	정보수집권, 기관경고권	21	23
필리핀	PTC	2010	대통령	정보수집권, 기관경고권	117	115
호주	ICAC	1998	독립	기소권, 조사권, 정보자료요구권	13	11
홍콩	ICAC	1974	행정장관	조사권, 수사권, 긴급체포권,	14	11

※ 2018, 2020 부패 인식 지수(Corruption Perceptions Index, CPI) 국제투명성기구(TI) 발표 국가별 청렴도

오스트리아 2010년 설치, 슈퍼 공수처 BAK부패예방 & 투쟁청, 포괄적 예방 조치권
(수사권, 조사권, 계좌추적권, 압수수색권) 및 포괄적 시정명령 처벌권(체포권, 직위박탈, 기소권)보유

우크라이나는 2014년 슈퍼 공수처(NABU)설치에 이어 세계사상 최초로 반부패 고등법원
(The High Anti-Corruption Court of Ukraine)설립 – 2019년 4월 11일

2) 세계 부패방지 전담 기관(공수처) 설치국가[11]

(1) 아시아

- 한국 고위공직자범죄수사처 (Corruption Investigation Office for High-ranking Officials)

  - 싱가포르 탐오조사국 CPIB (Corrupt Practices Inestigation Bureau)

---

11) https://en.wikipedia.org/wiki/Listofanti-corruptionagencies https://en.wikipedia.org/wiki/Category:Anti-corruptionagencies

- 홍콩 염정공서 ICAC (Independent Commission Against Corruption)
- 부탄 부패방지위원회 ACC (Anti-Corruption Commission)
- 대만 염정서 AAC (Agency Against Corruption)
- 중국 국가감찰위원회 NSC(National Superisory Commission),
- 중앙기율검사위원회 CCDI (Central Commission for Discipline Inspection)
- 마카오 CAC 염정공서 CAC(Commission Against Corruption)
- 베트남 중앙부패방지위원회 CSCAC(Central Steering Committee on Anti-corruption)
- 태국 부패방지위원회 NACCC(National Counter Corruption Commission)
- 말레이시아 반부패위원회 ACA(Anti-Corruption Commission)
- 파키스탄 국가책임청 NAB(National Accountability Bureau)
- 인도 중앙 감시 위원회 CC (Central igilance Commission)
- 인도네시아 부패근절위원회 CEC (Corruption Eradication Commission)
- 필리핀 진실위원회 PTC (Philippine Truth Commission)
- 방글라데시 반부패위원회 ACC(Anti Corruption Commission)
- 미얀마 부패방지위원회 ACC(Anti-Corruption Commission)
- 파푸아뉴기니 스위프 태스크 포스 ITFS (Inestigation Task Force Sweep)
- 이라크 반부패국 ACB(Anti Corruption Bureau)
- 사우디아라비아 국가부패방지위원회 NACC(National Anti-Corruption Commission)

(2) 유럽

- 유럽연합 유럽부패방지청 OLAF(European Union European Anti-Fraud Office)
- 영국 중대부패수사처 SFO(Serious Fraud Office) 검찰감찰처 CPSI(Crown Prosecution Serice Inspectorate)
- 러시아 러시아 조사위원회 ICR(Inestigatie Committee of Russia)
- 프랑스 부패예방청 NAPC (National Agency for Preention of Corruption)
- 그리스 제도 및 투명성 특별상임위원회 SPCIT(Special Permanent Committee on Institutions and Transparency)
- 오스트리아 부패방지 및 투쟁청 BAK(Korruptionspräention und Korruptionsbekämpfung)
- 라트비아 부패방지 및 퇴치국 CPCB(Corruption Preention and Combating Bureau)
- 폴란드 중앙반부패국 CAB (Central Anticorruption Bureau)
- 루마니아 국가반부패국 NAD(National Anticorruption Directorate)
- 스페인 반부패감독청 SA (Sericio de igilancia Aduanera)
- 우크라이나 국가부패방지국 NABU (National Anti-Corruption Bureau), 반부패고등법원HACC (High Anti-Corruption Court)
- 세르비아 부패방지국 ACA (Anti-Corruption Agency)
- 슬로베니아 부패예방위원회CPC(Commission for the Preention of Corruption)
- 리투아니아 특별조사처 LSIS (Lithuania Special Inestigation Serice)

- 아제르바이잔 부패퇴치위원회 CCC(Commission on Combating Corruption)

(3) 아프리카

- 남아공 국가부패 방지포럼 NACF (National Anti-Corruption Forum)
- 시에라리온 부패방지위원회 SLAC (Sierra Leone Anti-corruption Commission)
- 이집트 행정통제국 ACA(Administratie Control Authority)
- 짐바브웨 부패방지위원회 ACC (Anti-Corruption Commission)
- 에티오피아 연방 윤리 및 부패 방지 위원회 FEACC(Federal Ethics and Anti-Corruption Commission)
- 케냐 윤리및 부패방지위원회EACC (Ethics and Anti-Corruption Commission)
- 라이베리아 부패방지위원회 LACC(Liberia Anti-Corruption Commission)
- 마다가스카르 독립부패방지국 BIANCO (Bureau Indépendant Anti-corruption)
- 브룬디 반부패경제손실관측소 ACEMO (Anti-corruption and Economic Malpractice Obseratory)
- 모리셔스 반부패 독립위원회 ICAC(Independent Commission Against Corruption)
- 나미비아 부패방지위원회 ACC(Anti-Corruption Commission)

- 나이지리아 독립부패관행 위원회 ICPC(Independent Corrupt Practices Commission)
- 카메룬 국가반부패조사청 NACO (National Anti-Corruption Obseratory)
- 탄자니아 WIROBA 반부패조사국 WIROBA (Warioba Commission)

(4) 아메리카

- 캐나다 퀘벡 상설반부패청 UPAC(Unité permanente anticorruption)
- 아르헨티나 반부패청 OAC(Oficina Anticorrupción)
- 자메이카 주요범죄 반부패청 OCACA (Organised Crime and Anti-Corruption Agency)
- 케이맨 제도 반부패위원회 ACC(Anti-Corruption Commission)
- 터크스 케이커스 제도 통합위원회 IC(Integrity Commission)

(5) 오세아니아

- 뉴질랜드 중대부패수사처 (Serious Fraud Office)
- 호주
  ① 뉴사우스 웨일즈, 반부패 독립위원회 (Independent Commission Against Corruption)
  ② 퀸즐랜드, 범죄 및 부패 위원회 (Queensland Crime and Corruption Commission)
  ③ 남호주 반부패 독립 위원회 (South Australia Independent Commissioner Against Corruption)

④ 빅토리아주 독립광역기반 부패방지위원회 (Independent Broad-based Anti-corruption Commission)

⑤ 서호주 부패 범죄위원회 (Western Australia Corruption and Crime Commission)

56. 피지 독립반부패위원회 ICAC(Independent Commission Against Corruption)

7.
공수처의 놀라운 반부패 효과

- 지피지기 백전불태(知彼知己 百戰不殆): 상대를 알고 자기를 알면 100번 싸워도 위태롭지 않다. - 손무(孫武), 『손자병법』

- 타무아유 타유아우 백전백승(他無我有 他有我優 百戰百勝): 남은 없는데 자기는 있고, 남도 있으나 자기가 우수하면 100번 싸워도 100번 이긴다. - 강효백

[표 3] 공수처와 국가청렴지수(CSI) 상관관계 효과 분석

국가		국가	설립 연도	공수처 권한	2008 순위	20 순위	순위 승강	특징	대조되는 나라
공수처 있는 나라	청렴 순위 상승국	부탄	2005	기소권, 수사권, 조사권	45	24	↑21	행복지수 세계1위 국가	네팔
		대만	2010	수사권, 조사권, 체포권	39	27	↑12	싱가포르 CPIB 모델	한국
		폴란드	2006	기소권, 수사권, 체포권	58	45	↑13	유럽 국가 중 최대 상승국	이탈리아
		리투아니아	2013	기소권, 수사권, 조사권	58	35	↑23	각종 제도 개혁 선진 국가	우즈키스탄
		라트비아	2002	기소권, 수사권, 조사권	52	42	↑20	각종 제도개혁 선진 국가	키르기스스탄
		루마니아	2014	기소권, 수사권, 체포권	72	61	↑11	2007년 유럽연합 가입	불가리아
		자메이카	2007	기소권 수사권 체포권	96	69	↑27	중미 유일 공수처	멕시코
		아르헨티나	1999	수사권, 기소요청권	109	78	↑31	남미 유일 공수처	브라질US
		인도네시아	2002	기소권, 수사권, 조사권	126	102	↑24	강	시리아
		파키스탄	1999	기소권, 수사권, 조사권	134	124	↑10	군부 제외	아프가니스탄
		필리핀	2010	수사권, 조사권	141	115	↑26	두테르테 효과	예멘
		한국	2020	수사권, 기소권	40	33	↑10	공수처 설치 효과	대만
	하락국	마다가스카르	2004	반부패교육 홍보	85	149	↓64	아무런 실권 없는 기관	
		그리스	2010	정보수집권, 수사권고권	57	67	↓10	실효성 없는 기관	
		태국	1997	기소권, 조사권(형식상)	80	104	↓24	왕족군부 제외	
		카메룬	2004	조사권, 정보수집권	141	149	↓7	기소권, 수사권 없는 기관	
공수처 없는 나라		이탈리아	없음	없음	52	53	↓1	서유럽 최악의 부패국가	폴란드
		불가리아	없음	없음	70	77	↓7	제도 개혁을 게을리함	루마니아
		아프가니스탄	없음	없음	168	169	↓1	정치적 불안정 원인	파키스탄
		시리아	없음	없음	147	178	↓31	유엔부패협정 미가입	인도네시아
		우즈베키스탄	없음	없음	148	158	↓10	권력 집중형 강권 통치	리투아니아
		브라질	없음	없음	80	94	↓14	치안 불안, 정치적 불안정	아르헨티나
		멕시코	없음	없음	72	124	↓50	OECD 최고부패국가	자메이카
		네팔	없음	없음	121	117	↑4	경제적·정치적 불안정	부탄

국제투명성기구(IT)에서는 매년 국가별 청렴도 순위 부패 인식 지수*(Corruption Perceptions Index, CPI)를 발표하고 있다. 이 지수는 국가청렴지수로 불리는데 공무원과 정치인의 부패 정도를 국제적으로 비교하고 국가별로 순위를 정한 것이다.[12]

우리나라가 유엔부패방지협약을 비준한 해인 2008년 CPI부터 작년도 2018년 CPI의 10년간 추이를 비교하면서 공수처(부패방지전담기구)와 국가청렴지수의 상관관계와 그 효과를 살펴보도록 하자.

---

12) https://www.transparency.org/research/cpi/oeriew

1) 공수처, 없는 것보다 있는 게 좋다 - 타무아유(他無我有)

공수처의 유무가 국가청렴지수에 미치는 영향을 극명하게 보여주는 사례는 중남미 국가들이다. *공수처를 설치한 중남미 국가는 남미의 아르헨티나와 중미의 자메이카 두 나라뿐이다.

(1) 아르헨티나 vs 브라질

브라질과 아르헨티나는 남미의 양대 축구 산맥이다. 두 나라는 면적과 인구수, 각종 경제사회지표로 우위를 다투는 남미의 인접국가이자 라이벌 국가다. 그런데 공수처의 유무에 따라 국가청렴지수 청(淸)과 탁(濁)이 엇갈리고 있다.

국가청렴지수 순위에서 아르헨티나와 브라질의 2008년 CPI 순위는 각각 109위와 80위로 브라질이 앞섰는데 2020년에 각각 78위와 94위로 아르헨티나가 앞섰다. 남미국가 중 유일하게 부패방지 전담기관인 반부패청(Oficina Anticorrupció, 1999년)[13]을 설치한 아르헨티나는 2010년 OAC에 수사권과 기소 요청권을 부여하는 등 부패 척결을 위한 제도장치의 기능 개선에 매진해왔다. 그 결과 2012년 102위, 2014년 96위, 2016년 95위, 2020년 78위로 부패지수가 꾸준히 맑아져 CPI순위가 12년 만에 31계단이나 상승했다. 반면 공수처가 없는 브라질은 2020년 CPI 순위 94위에 랭크, 12년 전보다 14계단이나 하락했다.

브라질 외에도 페루 72위 → 105위, 볼리비아 102위 → 124위, 베네수엘라 158위 → 168위 등 공수처가 없는 남미 대다수 국가들은 해를 거듭할수록 부패의 나락으로 떨어지고 있다.

---

13) 아르헨티나 반부패청 https://www.argentina.gob.ar/anticorrupcion

[표 4] 브라질 s 아르헨티나 국가청렴지수(CPI)순위 변화표

	공수처	2008년	2012년	2014년	2016년	2020년
아르헨티나	있음	104위	102위	96위	95위	78위
브라질	없음	80위	69위	72위	86위	94위

(2) 자메이카 vs 멕시코

세계 최고급 커피 블루마운틴 산지로 유명한 카리브해의 섬나라 자메이카는 2008년 국가청렴지수 순위 96위로 중하위권에 머문 나라였다. 2005년 유엔부패방지협약에 가입한 자메이카는 2007년 9월 기소권, 수사권, 조사권을 보유한 슈퍼 공수처인 '주요범죄 반부패청(Organised Crime and Anti-Corruption Agency)[14]'을 설치하였다. 권력형 비리와의 전쟁을 전개한 결과 2020년 CPI순위는 69위로 12년 전에 비해 무려 27계단이나 상승했다.

반면에 멕시코는 자메이카와 정반대의 길을 계속 걸었다. 검찰과 경찰 등 법 집행기관의 부패가 극을 달리는데도 수수방관하면서 공수처 설치 등 제도 개선 조치를 취하지 않은 멕시코는 2008년 CPI 순위 세계 중위권이던 72위에서 2020년 세계 하위권 124위로 급락했다. 지난 12년간 무려 52계단이나 떨어져 세계 최대 국가청렴지수 하락폭 국가의 불명예를 안았다.

멕시코 외에도 파나마 85위 → 96위, 과테말라 96위 → 144위, 니카라과 134위 → 152위 등 공수처 없는 중미 대다수 국가들은 남미국가들과 국가청렴지수 꼴찌 경쟁이라도 하듯 해가 갈수록 부패의 밑바닥까지 떨어지고 있다.

---

14) 자메이카 주요범죄반부패청 https://www.odcacjamaica.go/en

(3) 폴란드 vs 이탈리아

"공수처, 없는 것보다 있는 게 좋다"는 사실은 유럽의 상황을 봐도 잘 알 수 있다. 폴란드와 이탈리아의 2008년 국가청렴지수 순위는 각각 58위, 이탈리아는 52위였다. 폴란드는 기소권, 수사권, 조사권을 보유한 슈퍼 공수처 중앙반부패국(Central Anticorruption Bureau)[15]을 설치하였다. 부패와의 치열한 투쟁을 전개한 결과 2020년 폴란드의 국가청렴지수는 45위로, 12년 만에 13단계 상승했다. 반면에 공수처를 설치하지 않은 이탈리아는 유럽 지역 국가 중 최하위권인 53위에 머물고 있다.

(4) 루마니아 vs 불가리아

남유럽의 인접국이자 옛 사회주의 국가 루마니아와 불가리아는 2008년 CPI순위 각각 70위와 72위로 루마니아가 근소하게 앞섰다. 루마니아는 2014년 기소권, 수사권, 체포권을 보유한 공수처, 국가반부패국(National Anticorruption Directorate)[16]을 설치했다. 부정부패 퇴치 작업에 총력을 기울인 결과 2020년 CPI순위는 61위로 상승했다. 반면에 공수처를 설치하지 않은 불가리아의 CPI 순위는 77위로 하락했다. 12년 전 루마니아에 비해 고작 2단계 낮았던 격차가 16단계로 더 벌어지게 되었다.

(5) 리투아니아·라트비아 vs 우즈베키스탄·투르크메니스탄

공수처를 설치한 구소련의 연방국 리투아니아와 라트비아는 각각 58위에서 38위로, 52위에서 41위로 상승했다. 반면에 공수처가 없는 구소련의

---

15) 폴란드 중앙반부패국 https://cba.go.pl/en
16) 루마니아 반부패국 https://www.acauthorities.org/country/ro

연방국 우즈베키스탄과 투르크메니스탄은 각각 148위에서 158위로, 167위에서 162위 하락했다.

(6) 부탄 vs 네팔

중남미나 유럽 멀리까지 갈 것 없다. "공수처, 없는 것보다 있는 게 좋다"는 결론은 가까운 아시아국가의 상황을 보면 더욱 뚜렷해진다. 국민이 행복한 나라 국민 행복 지수 세계 1위국 부탄은 2006년 기소권, 수사권, 조사권을 보유한 독립 공수처, 부패방지위원회(Anti-Corruption Commission)를 창설했다. '지속가능하고 공정한 사회 및 경제 발전'을 위한 반부패 정책을 제도화하여 실천해왔다. 그 결과 2008년 CPI순위 45위에서 2012년 33위, 2014년 30위, 2016년 37위, 2018년 25위, 2020년 24위로 해마다 국가청렴지수가 상승을 거듭하고 있다. 그 반면, 부탄의 인접국이자 공수처가 없는 네팔은 2008년 CPI 순위 121위, 2020년 CPI 순위 117위로 국가청렴지수 하위권에 계속 머물고 있다.

[표 5] 부탄 vs 네팔 국가청렴지수(CPI)순위 변화표

	공수처 설치	2008년	2012년	2014년	2016년	2018년	2020년
부탄	있음 (2006년)	45위	33위	30위	27위	25위	24위
네팔	없음	121위	139위	126위	137위	124위	117위

(7) 인도네시아·파키스탄·필리핀 vs 시리아·아프가니스탄·예멘

인도네시아 126위 → 99위(27계단 상승), 파키스탄 134위 → 117위, 필리핀 141위 → 117위로 상승했다. 이들 나라는 부패 척결에 대한 최고통치

권자의 정치적 의지와 강력한 리더십과 이를 뒷받침하는 이념적 가치의 조화를 추구하는 개발도상국들이다. 이들 나라의 공수처의 독립성과 정치적 중립에 문제점이 없지 않지만 그래도 공수처는 없는 것보다 있는 것이 좋다.

공수처를 설치하지 않은 이슬람 국가군의 경우, 시리아 147위 → 178위(32계단 하락), 아프카니스탄 176위 →172위 , 예멘 141위 →176위 등 중남미 지역보다 오히려 더 부패한 시궁창으로 곤두박질치고 있는 상황과 비교해 보면 그렇다. 공수처는 일단 있는 게 좋다. 공수처의 질적 향상은 차후에 하더라도.

(8) 대만 vs 한국

우리나라와 지리적으로 가장 가깝고 법체계와 사법 체제가 가장 흡사한 대만을 살펴보자. 우리나라처럼 일제 식민지의 뼈아픈 역사를 겪어 구일본 법제의 영향을 많이 받아온 대만은 2011년 7월 검사와 법관을 포함한 고위공직자의 범행에 대한 기소권과 수사권을 지닌 '염정서(廉政署 Agency Against Corruption)[17]'를 설치했고 성공적으로 운영해왔다. 그결과 염정서 설립전 2008년 39위이던 대만의 CPI 순위는 2010년 37위, 2014년 36위, 2016년 31위, 2020년 현재 CPI순위는 28위로 상승했다.(11위 상승)

반면에 한국은 공수처 설치 등 구체적 제도 개혁 조치 없이 "이번 일을 뼈를 깎는 자성의 기회로 삼자" 자성론, 내부감찰시스템 강화, 상설특검제 설치, '신중 검토' 추진 방안 등 검찰발(發) 미봉책 내지 지연책만 남발해왔다.

그러다 보니 2008년 CPI 순위 40위, 2012년 45위, 2014년 44위, 박근혜 정권 말기 2016년 CPI 순위는 52위로까지 곤두박질 쳤다.

2008년 국가청렴지수면에서 한국과 대만과의 차이가 불과 그야말로 한

---

17) 대만 염정서 홈페이지 https://www.aac.moj.go.tw/579

끗 차이(한국 40위, 대만 39위)였으나 2016년에는 스물 한끗 차이(한국 52위, 대만31위)로 청렴도 순위 격차가 크게 벌어졌었다. 2017년 5월 문재인 정부 출범 이후 정부의 반부패개혁의지와 실천으로 2017년 51위, 2018년 45위, 2019년 39위를 기록한 데 이어, 고위공직자범죄수사처(공수처)설치법이 통과된 2020년 CPI 순위는 33위로 역대 최고 순위를 기록했다. 2016년 21계단이나 벌어졌던 대만과의 청렴도 순위 격차가 불과 4년 만에 5계단으로 크게 좁혔다(한국33위, 대만28위).

공수처 설치등 반부패 제도장치 마련이 부패 퇴치에 가장 효과적이라는 사실이 입증된 사례로 꼽히게 되었다.

[표 6] 한국 VS 대만 국가청렴지수(CPI) 순위 변화표

	공수처	2008년	2012년	2014년	2016년	2018년	2020년
대만	2010년 설립	39위	37위	36위	31위	31위	28위
한국	2021년 설립	40위	45위	44위	52위	45위	33위

2) 공수처, 일단 있으면 우수해야 한다 - 타유아우(他有我優)

공수처를 설치한 국가는 대부분 국가청렴지수가 상승했다. 하지만 공수처를 설립해도 별 효과를 얻지 못하고 국가청렴지수가 오히려 악화된 나라도 소수이지만 존재한다. 마다가스카르 85위 → 152위, 그리스 57위 → 67위, 태국 80위 → 99위, 러시아 147위 → 149위, 카메룬 141위 → 152위, 케냐 147위 → 152위 등.

이들 공수처를 설치하나 마나한 국가들을 살펴보면 일각에서 우려하는 공수처가 검찰 경찰의 법집행기관 위에 군림하는 옥상옥 기관이 되거나 나치즘의 게슈타포와 구소련의 KGB 등 악명 높은 정보기관처럼 그 누구도 통

제할 수 없는 언터처블 괴물 기관이 된 사례는 아직 발견되지 않았다.

그러나 아래와 같은 큰 결함을 발견할 수 있다.

첫째, 유명무실하다. 공수처의 설립 근거와 법적 지위가 불명확하고 기관의 정치적 중립과 독립성이 보장되지 않을 경우. 둘째, 기소권·수사권·조사권 등 실제적 권한이 부여되지 않고 정보 수집과 반부패 교육과 홍보와 선전에 주력할 경우. 셋째, 국회의원, 판검사, 왕족과 군부 등 특정 사회 특권층 일부가 부패 혐의에 대한 수사와 조사 또는 기소의 대상에서 제외되었을 경우. 넷째, 기득권층의 개혁에 대한 저항이 완강하고 최고 통치권자의 강력하고 지속적인 의지와 지원이 부족할 경우, 다섯째, 검찰 경찰 등 법집행기관과 감사원 등의 회계검사기관, 법원의 사법기관, 또는 정보기관 등 기존의 권력기관 간의 권한 배분이 불명확하여 기관 간의 갈등과 권력 투쟁으로 기능을 발휘하지 못할 경우, 여섯째, 정치적으로 극히 불안정하고 경제적으로 극빈한 나라일 경우.

8.

세계 최고 청렴국
뉴질랜드 공수처 SFO

- 남이 알게 하지 못하려거든 그 일을 하지 말라, 온 세상의 죄악은 비밀리에 하는 일에 빚어지기 마련이다. – 다산 정약용

- 사랑보다 더 아름다운 사랑은 투명한 마음이다. 다이아몬드가 황금보다 값진 까닭이다.– 강효백

- SFO 예산과 인력을 두 배로 확충하고 기능을 더욱 강화하여야 한다. – 뉴질랜드 제1야당 국민당의 슬로건

하늘에는 UFO, 땅에는 SFO

UFO (Unidentified Flying Object 미확인 비행물체) 세계 최고 핫스팟은 뉴질랜드다. 인구 480만 명의 뉴질랜드에는 UFO 목격자가 참 많다. 2010년 12월 22일 뉴질랜드 국방부는 UFO 목격과 외계인 접촉 등에 관한 기밀 보고서 수백 건을 공개했다. 이 보고서는 공무원과 군 관계자, 민

간 항공기 조종사 등이 하늘에서 빛을 내며 움직이는 물체를 목격했다는 내용을 외계인으로 보이는 그림, 현장 사진과 함께 다루고 있다. 연이어 2013년 뉴질랜드 국가기록원은 군과 민간 항공기 조종사 등이 보고한 UFO 목격 정보에 관한 파일을 일반에 투명하게 공개했다. 이러한 뉴질랜드의 국가 차원의 UFO 보고서 이후 미국과 러시아, 영국과 프랑스, 덴마크, 브라질 등 정부와 공공기관은 그간 특급비밀로 감춰 두었던 UFO파일을 약간씩 공개하기 시작했다. 의혹과 부패는 불투명성에서 생겨난다.

코로나19 방역 최우수국

2월 25일 현재 뉴질랜드 코로나 누적 확진자 2,365명, 1일 확진자 +2명, 누적 사망자는 26명으로 인구 300만 명 이상의 국가 중 코로나 19 방역 최우수국이다. 뉴질랜드 사람 다수의 본향 영국의 경우, 누적 확진자 4,138,669명, 하루 확진자 +8,489 사망자 121,390명인 것을 생각하면 그야말로 천당 뉴질랜드, 지옥 영국이라고 해도 과언이 아니다.

세계 청렴지수 제1위국

국제투명성기구(TI)는 지난 1월 21일 2020년 부패인식지수(Corruption Perceptions Index, CPI)를 발표했다. '광범위한 부패가 코로나 19 대응을 악화시키고 글로벌 회복을 위협하고 있음을 알려준다'를 보고서 제목으로 뽑았다. 세계 최고 청렴국은 뉴질랜드! 2019년에 이어 세계 최고 청렴국 챔피언을 유지했다.

참고로 한국의 청렴도 세계 순위는 박근혜 정권시절 2016년 52위이던 것이 문재인 정부 2018년 45위, 2019년 41위, 2020년 33위로 껑충껑충 뛰어올랐다. 국제투명성기구는 한국의 청렴도 향상을 가장 중대한 변화로 꼽았다.

세계 유일 국가 신용도 상승 선진국

2월 22일 국제신용평가사 S&P는 코로나 19 방역성적 최우수국 뉴질랜드의 국가 신용 등급을 AA+로 한 단계 상향 조정했다.(한국은 AA)

영국, 캐나다, 이탈리아, 미국, 호주, 일본, 벨기에, 프랑스, 스페인, 핀란드 등 10개 국가가 무더기로 신용 등급이 강등 조치_된 마당에 뉴질랜드만 이례적이다.

이처럼 하늘 높이 떠 있는 다이아몬드처럼 투명하게 빛나는 뉴질랜드의 영광을 이룬 주역의 하나는 SFO(Serious Fraud Office 중대부패수사처)이다. 1990년 뉴질랜드 정부는 주식 시장 붕괴 이후 창궐하는 부정부패에 대응하기 위해 중대부패수사법을 제정하고, SFO를 설립했다. 수도 오클랜드 중심가에 위치한 SFO는 설립 당시에는 법무장관(검찰총장 겸임)소속이었으나 2008년 경찰 장관으로 소속으로 이관되었다. 그러나 SFO는 어떠한 기관으로부터 지시를 받지 않고 독자적으로 운영한다.

비전과 원칙

비전 : 금융 범죄, 뇌물 수수 및 부패로부터 안전한 생산적이고 번영하는 뉴질랜드.

핵심 원칙

1. 탁월: 우리는 세계적인 금융 범죄 및 부패 기관이 되기 위해 노력한다.
2. 긍지: 우리가 하는 직무와 뉴질랜드에 대한 우리의 공헌.
3. 이음(연결): 우리 자신의 강점과 기회, 기관 및 부문 간의 긴밀한 협력 및 이음에서 비롯되는 것임을 인식

소수 정예 조직

뉴질랜드 총독은 총리와 경찰장관의 제청으로 SFO_처장을 임명한다(임기 제한 없음).

현재 SFO처장은 제5대 줄리에 리드(Julie Read)로 2013년 10월부터 재직하고 있다.

SFO는 평가 및 정보(Evaluation and Intelligence)팀과 조사(Investigations)팀 비즈니스 서비스팀 등 3개 팀으로 구성된다.

- 평가 및 정보 팀: 각종 제보와 자체 입수 첩보, 외부 및 내부 정보를 입수 평가하고 부패 범죄 예방 전략 개발을 맡는다.
- 조사팀: 처장이 조사하기로 결정한 중대하고 복잡한 부패 범죄의 모든 문제를 일선에서 처리한다. 뇌물 수수, 허위 입찰, 불법 담합, 수의계약, 조달, 주가조작, 금융 사기 등 민간과 공적 영역의 모든 부패 행위

가 포함된다. SFO 직원의 70% 이상이 조사팀 소속이다.
- 비즈니스 서비스팀: 기획, 보고, 재무 관리, 인사, IT 시스템, 운영 정책, 미디어 및 커뮤니케이션, 회의 및 일반 관리를 담당한다.

2021년 6월 현재 SFO처장 이하 법률, 금융, 회계, 전자공학, 포렌식 전문가, 의학 등 각계 전문직 정예 요원 51명이 오클랜드 본부에 상근하고 있다. 남성 26명, 여성 25명(처장 여성)

막강한 권한

영연방의 일원 뉴질랜드 SFO는 영국의 SFO(1988년 설립)를 벤치마킹하여 설립되었으나 그 권한과 대상은 영국보다 막강하고 광범위하다. 공직자나 민간인을 불문하고 화이트칼라의 뇌물과 부패 금융사범에 대해 독자적 기소권, 수사권, 금융 자산 동결조치권 등을 보유하고 있다. 뿐만 아니라 피의자와 증인의 소환거부권, 묵비권과 진술거부권을 인정하지 않는다. 중대 부패 범죄 피의자는 누구라도 반드시 기소하고 재판에 넘겨왔다. SFO가 2018~2019년 2년간 입건하고 수사한 36건 중 7건을 법원에 기소하였는데 유죄 판결률은 100%이다.[18]

특히 최근 뉴질랜드 SFO는 코로나19 긴급구호기금에 관련한 공공부문의 부패를 예방·차단하는 지침을 마련하고 실행하여 뉴질랜드가 코로나 세계 제일 모범 방역국이 되는 데 한몫을 톡톡히 하여왔다.[19]

---

18) nzherald.co.nz 2020년, 9월 30일
19) 뉴질랜드 SFO 홈페이지 https://www.sfo.govt.nz

다종다양한 인력 자원과 열린 인력 충원 시스템

우리나라 공수처가 뉴질랜드 SFO를 벤치마킹할 부분 한 가지만 고른다면 SFO의 각계 전문직으로 구성된 인력 자원과 투명하고 개방적인 인력 충원 시스템이다.

인구 5170만 명의 대한민국 공수처 정원은 65명인 데 비하여 인구 480만 명의 뉴질랜드 SFO 인원 수는 51명. 그러나 우리나라 공수처에는 이보다 더 치명적인 결함이 있다. 처장 포함 검사 25명과 수사관 40명으로 구성된, 검찰청 구성 조직과 하나도 다를 바 없는 '검사-수사관' 조직체라는 대목이다. 검찰청과 근친교배와 같은 '검사-수사관 반부패조직체는 공수처 말고 지구상에 또 없다. 반면 뉴질랜드 SFO는 변호사, 평가조사관, 회계사, 디지털 포렌식 전문가, 재무 관리, IT 시스템, 미디어 및 커뮤니케이션 전문가로 구성되어 있다. 더구나 SFO 홈페이지에 변호사와 평가 조사관을 비롯한 각계각층의 전문가를 수시 공개 모집하고 있다.[20]

뉴질랜드 공수처 SFO 로고

---

20) https://www.sfo.govt.nz/job-vacancies SFO에 취직을 원하는 변호사나 평가 조사전문가는 이력서와 자기 소개서를 recruitment@sfo.govt.nz로 보낼 것 신청 마감 2021년 3월 9일 화요일 오전10시

SFO에 대한 보수 우파 정당의 적극 지원

우리나라와 달리 역대 보수 우파 국민당이 역대 진보 좌파 노동당(현 집권당)보다 SFO에 대해 물심양면으로 지원을 아끼지 않아 왔다. 국민당 출신 제7대 짐 볼거 총리(재임 1990-1997년)가 SFO를 창설했으며 제11대 국민당 출신 존 키 총리 (재임 2008-2016년)는 SFO의 기능과 권한을 더욱 강화했다. 현재 제1야당 국민당 역시 SFO의 예산과 인력을 증액하고 개명할 것을 당론 차원으로 주장하고 있다. 2020년 9월 총선에서 국민당 대표 주디스 콜린스(Judith Collins)는 SFO에 관한 아래 공약을 발표했다.

1. 뉴질랜드에 사기, 뇌물 및 부패가 없기 때문이 아니라 SFO가 소규모 인력과 예산으로 업무를 제대로 수행할 수 없기 때문이다. SFO는 더 많은 직원과 예산 지원이 시급하다. SFO 1년 예산을 1,270만 달러에서 2,500만 달러로 증액하자.

2. 소규모 기관이 민간 부문의 화이트칼라 부패 범죄에만 중점을 둔다는 대내외 인식을 개선하기 위해 SFO의 명칭을 '중대부패 및 반부패수사처' SFACA(Serious Fraud and Anti-corruption Agency)로 개칭하자.

뉴질랜드 국민당의 이념은 보수 우파 정당에 걸맞게 개인과 기업의 자유와 권리는 최대화하는 반면 국가 공권력의 개입은 최소화하는 것이다.[21] 그

---

21) Palffy, Georgina (2008). New Zealand. New Holland Publishers. p. 65.

런데도 권력자와 재력가에 대한 부패에 대해서는 진보 좌파 노동당보다 오히려 더 강력한 국가 공권력 개입으로써 차단하고자 하는 뉴질랜드 보수 우파 정당의 존재와 그 지향은 우리에게 시사하는 바가 크다고 생각한다.

제5대 SFO 처장 줄리어 리드 (2013.10~ 현재)

9.

세계 공수처의 모델 싱가포르 CPIB

- 싱가포르에는 세 가지 보물이 있다. ①부패방지법 ②부패를 고발하는 국민 ③탐오조사국(CPIB). - 리콴유 싱가포르 초대총리

- 작은 것이 아름답다. - A. 슈마흐

- 네 개의 중국, 작을수록 청렴하고 부유하다. - 강효백

시진핑 중국 국가주석은 2015년 11월 7일 싱가포르 국빈 방문 중 싱가

포르 국립대학에서 연설을 하여 갈채를 받았다. 다음은 가장 큰 박수를 받은 대목이다.

"1978년, 덩샤오핑 개혁개방의 총설계사(master designer)는 싱가포르를 방문하여 새로운 시대에 중국과 싱가포르의 우호 협력의 막을 열었다. 당시 중국은 개혁, 개방, 사회주의근대화의 새로운 도로를 열기 위해 중국 특색 사회주의의 길을 적극적으로 모색하고 있었다. 싱가포르는 리콴유 총리의 지도 아래, 동양적 가치와 국제적 시야를 결합, 싱가포르의 국정상황에 맞는 발전의 길을 열고 있었다. 싱가포르가 창조해낸 눈부신 성과를 목도한 덩샤오핑은 중국은 반드시 싱가포르에서 배워야 한다고 말했다. 싱가포르는 '실천만이 진리를 검증하는 유일한 표준이다'라는 덩샤오핑의 실사구시 노선이 올바른 길이라는 사실을 세계에 보여주고 있다. 싱가포르의 실천은 중국이 개혁과 발달 과정 중에 당면한 곤란을 극복한 귀감이다. 한마디로 싱가포르는 현대 중국의 보감이다."

중국 제5세대 영도 핵심 시진핑은 2012년 11월 집권 이후 점차 집단지도 체제를 탈피하고 성역 없는 부정부패 척결과 함께 1인 통치 권력 강화에 주력해 왔다. 집권 2기 원년 2018년 3월 헌법을 개정, 국가주석 연임제한 규정을 폐지하고 공산당 영도원칙을 헌법에 명기하는 등 1인 통치와 1당 독재를 공고히 했다.

시진핑 2기 정치노선은 마오쩌둥 시대식 1인 독재로 역주행하는 경향이 있으나 경제노선은 여전히 중국식 자본주의를 심화 발전시키고 있다. 즉 지속 가능한 성장시대, 즉 '신창타이(新常態·뉴노멀)'와 중국판 마셜 플랜인 '일

대일로(一帶一路·육해상 실크로드)'를 내세우며 창업과 기업 경영의 효율 극대화를 추진하는 '중국 특색 자본주의' 대로를 질주하고 있다.

중국이 꿈꾸는 미래 국가모델은 국민의 4분의 3이 중국계인 싱가포르만큼 알차고 청렴하고 풍요로우나 통제된, 싱가포르보다 1만 5000배나 거대한 자본주의 독재정 국가임이 분명해 보인다.

[표 7] 2018 중화권 4개국(지역) 주요 지표 세계 순위

국가(지역)	중화권 4개국(지역) 세계 순위				참고: 한 VS 일	
	싱가포르	홍콩※	대만	중국	한국	일본
국토 면적	175위	166위	133위	3위	107위	61위
인구수	113위	101위	55위	11위	27위	12위
1인당 PPP GDP	3위	9위	14위	73위	29위	28위
인간개발지수	9위	10위	21위	86위	22위	19위
국가청렴지수	3위	14위	38위	87위	45위	18위

※ 홍콩은 마카오와 함께 국가가 아닌 중국의 특별행정구. 1983년 중-영 공동성명 등 국제협약에 의해 1997년 7월 1일부터 50년간 중국의 고도의 자치권을 가진 특별행정구로 귀속. 2047년 7월 1일 중국의 지방 도시 중 하나로 편입 예정(광저우 직할시 홍콩구 설 유력)

1) 네 개의 중국, 작을수록 청렴하고 부유하다

2016년 말 베이징에서 만난 대만 친구 린(林) 교수는 이렇게 외쳤다.

"우리 중국을 약소국가라고 하지 말라, 중화인민공화국을 보라, 우리 중국을 독재국가라고 하지 말라, 대만을 보라, 우리 홍콩을 낙후 지역이라 하지 말라. 홍콩을 보라, 우리 중국을 더러운 부패국가라고 하지 말라, 싱가포르를 보라."

2016년 말 베이징에서 만난 대만친구 린(林)교수는 이렇게 외쳤다. '우리 중국을…'이라는 말머리가 그의 입에서 연거푸 나오는 동안 필자는 무언가를 봤다. 그것은 다면일체(多面一體) 국가, 중화제국이라는 거대한 회전목마였다.

현재 중국인이 주체가 되어있는 국가나 정부를 영토 크기순으로 열거하면 중화인민공화국, 대만, 홍콩(국가가 아닌 중국의 특별행정구), 싱가포르(인구의 75%가 중국인)[22]등 4개국이다. 그러나 1인당 국민 소득과 국가청렴지수(CPI) 등 주요 경제사회지표로 보면 영토 크기순과 정반대로 싱가포르, 홍콩, 대만, 중화인민공화국 순이다(표 참조). 네 개의 중국은 작을수록 아름답다.

싱가포르의 각종 경제지표는 세계 최정상급이다. 싱가포르의 2018년 1인당 구매력 기준 실질국민소득(PPP GDP)은 약 10만 달러로 카타르, 룩셈부르크에 이은 세계 3위를 차지했다(일반 1인당 GDP는 6만 4천 달러로 세계 7위). 실질국민소득, 교육수준, 문맹률, 평균수명 등을 지표로 하여 인간 발전의 정도와 선진화 정도를 평가한 지수인 인간개발지수(Human Deelopment Index, HDI)는 세계 9위다. 국가청렴지수(CPI)는 덴마크, 뉴질랜드에 이어 세계 3위에 랭크되었다. 더구나 국가청렴지수 1998년 7위, 2003년 5위, 2008년 4위, 2013년 5위, 2018년 3위로 싱가포르의 경제지표가 높아질수록 국가청렴지수도 높아지고 있다.

'물이 너무 맑으면 고기가 놀지 않는다'는 식으로 경제가 발전하면 할수록

---

22) 중국, 대만, 홍콩, 싱가포르 모두 베이징 표준시를 쓰고 있다. 특히 우리나라보다 두 시간 늦은 표준시를 사용하는 베트남보다 훨씬 서쪽에 있는 싱가포르가 우리나라보다 한 시간 늦은 베이징 표준시를 쓰고 있는 게 의미심장하다. 중국정부는 2019년 현재 GDP총액으로는 중국이 일본을 세 배 이상, 1인당 GDP로는 싱가포르가 일본을 1.5배 이상 앞질렀다는 사실을 유난히 부각시키고 있다.

부수적으로 부패도 심해지기 마련이라는 인류 사회 보편 원칙을 깨뜨리고 싱가포르를 세계 3대 청렴 부국(실질국민소득 세계 3위 & 국가청렴지수 3위)로 만든 비결은 무엇일까?

세상을 바꾸고 싶은가? 제도를 먼저 바꿔라. 제도를 개혁하면 의식도 개혁된다. 먼저 의식을 개혁한, 즉 깨어난 소수의 엘리트가 오늘보다 나은 내일을 위해 제도를 개혁하면 국민들의 의식도 자연스레 개혁된다. 그 가장 좋은 증거가 싱가포르다.

싱가포르는 원래 말레이시아의 자치주로 연방 체제를 유지해오다 1965년 독립했다. 독립 당시 싱가포르는 혼란과 빈곤 속에 아시아에서 크게 주목받지 못하는 평범한 도시국가에 불과했다.

깨어난 소수의 지도자 싱가포르 초대총리 리콴유(李光耀, 1923~2015)는 "부패방지는 선택이 아니라 국가생존의 문제이다. 반부패 정책을 따르지 않는 사람은 모든 수단을 동원하여 굴복시켜야 한다"라고 말하며 반부패 제도화에 힘썼다.[23] 그 결과 싱가포르를 세계에서 법 집행이 가장 강한 나라, 1인당실질국민소득 세계 3위국이자 국가청렴지수 세계 3위국을 겸하는 세계 3대 청렴부국으로 만들었다.

2) 싱가포르 국회 부패 국회의원은 가중 처벌하게끔 개정

- 진정한 노블레스 오블리주

---

23) 싱가포르 탐오조사국 홈페이지 https://www.cpib.go.sg/

싱가포르에는 세 가지 보물이 있다. ① 부패방지법, ② 부패를 고발하는 국민, ③탐오조사국(CPIB)이 그것이다.

이렇게 리콴유 초대 총리는 1986년 1월 싱가포르 국회에서 다음과 같이 공표했다.

리 총리는 법과 제도를 통해 아시아에 사회적으로 관행화된 부패도 척결할 수 있다는 모범사례를 만들었다. 리 총리는 각종 정책을 구체적으로 법제화해 강력히 실행했다. 그래도 개선이 안 되면 정치 후진국들의 정객처럼 문화 탓, 관행 탓, 국민의식 탓만 하면서 낡고 썩은 법제는 놓아둔 채 대안 없는 의식개혁이나 공허한 구호들을 밤낮으로 부르짖는 대신 법과 제도를 집요하게 개선하고 버전 업시켜 나갔다.

리 총리는 1960년 2월 「부패방지법(Preention of Corruption Act)」을 제정하고 부패방지전담기관 탐오조사국(Corrupt Practices Inestigation Bureau, CPIB)에 강력한 수사권과 사법권을 부여했다.

1966년 법을 개정하여 뇌물뿐만 아니라 사례금, 향응의 요구, 수수 및 제공과 부정행위의 시도와 공모도 실제 뇌물수수죄로 처벌하도록 규정하였다. 즉 뇌물수수·뇌물 미수, 예비 음모 미수까지 부패방지법 위반으로 간주하도록 입법 개선하였다. 1978년에는 뇌물을 받을 경우 5년 징역에 벌금 5,000달러를 징수하도록 했다. 당시 이 정도의 처벌은 강력한 것이었으나 부패의 근절은 쉽지 않았다. 1981년 부패행위자가 형벌 이외에도 불법수익을 국고에 환수하도록 하고 부패행위자가 이를 거부하면 더 무거운 형벌을 부과하도록 강화하였다. 1990년에는 해외 주재 대사와 외교관, 해외 주재

공직자의 부패 범죄 가중 처벌 조항을 추가했다. 리 총리는 다시 1989년에 「부정축재몰수법」을 통과시켜 법원에 부패사범들이 획득한 각종 재산을 압류하고 동결할 수 있도록 하는 권한을 부여했다. 이 법은 다시 1999년에 「부패이익몰수법」으로 강화되었는데 부패 혐의자가 사망했을 경우에도 그의 부패 수입을 대를 이어 전액 몰수하도록 규정하였다.

이보다 앞서 1993년 싱가포르 국회는 국회의원이 뇌물수수죄를 범했을 때, 7년 이하의 징역 또는 10만 달러 이하의 벌금을 부과하거나 두 가지 형벌을 병과하는 가중 처벌 조항을 추가 규정했다(부패방지법 제11조). 국회의원 이외의 일반인의 뇌물수수죄는 5년 이하 징역형 또는 7만 달러 이하 벌금으로 뇌물죄를 범한 국회의원의 형사책임이 훨씬 무겁다. 이런 게 바로 지도층 인사에게 국민의 책임과 의무를 모범적으로 실천하는 높은 도덕성을 요구하는 진정한 노블레스 오블리주(noblesse oblige)가 아닐까?

3) 짖는 개를 보호하라 - 내부고발자 보호제도

리콴유 초대총리 이하 싱가포르의 지도층은 부패 추방 운동, 청탁하지 말기 캠페인, 영수증 주고받기 운동, 의식 개혁 운동 등 스포츠 아닌 스포츠를 하지 않는다. 전국 곳곳에 "바르게 살자"라는 돌 비석을 세우고 말로만 반부패 캠페인을 벌이지 않는다. 그리고 '까마귀 노는 곳에 백로야 가지 말라'라는 식으로 홀로 독야청청하고 홀로 비범한 공무원만을 요구하지 않는다.

리 총리는 법과 제도로 싱가포르 국민을 부패를 용납하지 않고 부패 고발 잘하는 국민으로 만들었다. 그는 익명으로도 부패신고가 가능하도록 했다. 또한 고발인이 고발 사건의 민형사재판 증인으로 설 수 없도록 보호 조치를 취했다. 고발인이 고의로 허위 신고를 했을 경우를 제외하고는 어떤 처벌도 받지 않도록 보호에 만전을 기했다.[24)]

리 총리는 또한 내부고발자(whistle blower)보호법제, 이른바 짖는 개(barking dog)보호법제를 구축했다. 비리 정보를 폭로하는 전·현직 공무원들에 대한 보복이 금지될 뿐만 아니라 나아가 공무원들에게 부패의 실상을 목격한 경우 반드시 고발할 것을 공무원의 의무 하나로 규정하고 있다. 공무원이나 민간인이 밀수를 다루는 범죄나 공공재산을 침해하거나 불법으로 매각하는 범죄를 고발했을 경우 1만 달러 이하의 포상금을 받는다. 만약 고발하는 사람이 둘 이상일 경우에는 원칙적으로 그 상금은 평균적으로 배분하며 고발의 선후에 따라 차등을 두고 있다. 고발에 대한 포상금의 지급은 법무부의 심의를 거쳐 유죄판결이 난 후에 이루어진다.

부패자 본인이 자수하면, 또는 타인의 부정부패사항을 고발하면 법에 따라 형을 감면받고 면제받을 수도 있다. CPIB는 고발자의 이름, 나이, 주소 등을 비밀로 보장해야 하며, 경찰과 검찰 법집행기관은 고발자의 신변안전을 보호하며, 고발자에 대한 위협이나 협박의 불법행위가 발생하면 CPIB가 수사하여 검찰에 기소를 요구하도록 하고 있다.

세계 최고 수준의 공무원 보수(동급 한국 공무원 연봉의 2배, 싱가포르 총리는 미국 대통령 연봉의 3배)라는 쾌속의 액셀러레이터에다가 내부고발자를 보호하는 부패방지법이라는 고성능의 브레이크 장치가 적절하게 작동하는 싱가포르는 깜찍하고 성능 좋은 꼬마 스포츠카와 같다는 느낌을 주는

---

24) 싱가포르 「부패방지법」 제36조: 부패방지법 위반행위에 대하여 고소 또는 고발을 한 자는 민사소송이나 형사소송 등 그 어떠한 소송에서도 증인으로 허락하지 않으며 부패행위의 목격자나 증인도 정보제공자의 이름이나 주소 등을 밝히는 것을 허용하지 않는다. 법원은 조사 절차나 증거 절차가 진행되기 전에 정보제공자의 신원이 노출되지 않도록 해야 하는데 제보자와 관련된 부분은 블라인드 처리해야 하며 제보자와 관련된 부분은 삭제해야 한다.

나라이기도 하다. 이런데도 공금을 착복하려 하거나 세금을 도둑질하려 하는 싱가포르 공직자가 있다면, 그는 아마 죽고 싶어서 애가 닳은 자이거나 정신이 나간 자가 틀림없을 것이다.

동양 전통 사회의 온정주의 문화 구조하에서 누구를 고발한다는 것은 매우 어려운 일이다. 특히 동료, 상사, 친구 등을 고발해야 하는 내부자의 경우에는 더욱 그렇다. 그 이유가 무엇이든 내부고발은 부끄러운 일이고 배신의 의미를 가지고 있다. 더 나아가 고발의 대가로 금품을 받는 것은 전통적인 동양적 윤리에 정면으로 배치된다. 그런데 부패 고발의 보호를 넘어 장려를 수단으로 규정하고 있는 싱가포르의 법제화 사례는 부패 관행의 극복 가능성을 보여주고 있다. 싱가포르의 제보자 또는 내부고발자 효과는 부패가 소규모인 경우는 상대적으로 적고, 대형 부패사건의 예방과 교정에서는 크게 나타나고 있다.[25]

4) 세계 공수처의 모델 싱가포르 탐관오리조사국

---

25) 강효백, 『중국? 중국, 중국!』 예전사, 1995, 192-193쪽.

탐오조사국(貪汚調査局, Corrupt Practices Inestigation Bureau, 이하 'CPIB'로 약칭함)은 현대 세계 최초의 부패 전담 독립기관으로 지위 고하를 막론한 모든 부패사건에 관련한 부패 전담기관이다. 싱가포르 검찰과 경찰은 CPIB의 활동을 보조하는 정도에 그친다.

CPIB는 영국 식민지 시절에 1952년에 법무부 사무실 산하기구로 설립하여 대법원 사무실을 임대해서 사용했는데 독립적인 수사권과 조사권이 없었다. 설립 당시 경찰청에 소속되어 있던 CPIB는 내무부, 검찰청, 법무부를 거쳐 1970년부터 총리실 직속으로 활동하고 있다. 국장은 대통령에 의하며 임명되며 총리실의 사무차관에 대하여 직접적 책임을 진다. 대통령은 부국장, 보좌관 및 특별조사관(special inestigator)을 임명할 수 있다. 그들은 형사법에서 정한 공무원의 신분을 갖는다. CPIB는 크게 조사부, 운영부, 협력부 3개 부서로 구성된다. 핵심부서는 특별조사관들이 근무하는 조사부로 특별조사팀 등 5개 팀으로 나누어져 있다.

싱가포르의 중남부 중심가 싱가포르국립대학 근처에 자리잡은 2004년 4월 CPIB의 1층 로비에는 다음과 같은 CPIB의 사명과 비전, 핵심 가치와 3대 직무 철칙이 게시되어 있다(CPIB 홈페이지 참조).[26]

CPIB 본부 간판 영문, 중문, 말레이, 타밀어로 되어 있다. 중문 명칭 탐오조사국은 탐관오리 조사국의 준말이다.

---

26) 싱가포르 탐오조사국 https://www.cpib.go.sg/

CPIB의 로고 '신속하고 확실하게'

CPIB의 사명, 비전, 핵심 가치

사명: 신속하고 확실한, 확고하지만 공정한 행동을 통한 부패와의 투쟁
비전: 부패 없는 국가를 달성하기 위한 청렴성과 좋은 거버넌스를 지향하는 선도적 부패 방지 기관
핵심 가치: 성실성, 팀워크, 의무에 대한 헌신

CPIB 3대 직무 철칙
1. 아무도 면제되지 않는다.
2. 1센트의 부패도 묵과하지 않는다.
3. 가혹하게 처벌한다.

(1) CPIB요원의 선발과 보수

2018년 말 현재 CPIB 직원 수는 국장 포함 108명이다. 이중 특별조사관만 72명에 달한다. 싱가포르 인구가 약 550만 명임을 감안하면 적지 않은 수이다. CPIB 특별조사관은 헌법기관인 공무원 인사위원회에서 공개 채용한다. 특별조사관의 응시자격은 4년제 대졸자로서 정의감, 성실성, 정직성, 공정성, 청렴성, 준법성 책임감을 테스트하는 직무 적성 검사와 인성 검사가 우선되는 등 일반 공무원 선발 절차보다 까다롭다. 선발된 요원은 4개월간 경찰학원 입교, 형법과 부패방지법 등의 법률과정, 기본 조사 기법, 총기 취급술 등의 교육 과정을 학습한다. 2년간의 수습기간을 거친 후 정규 특별조사관으로 임명된다. 특별조사관의 매월 기본급은 3,700~4,898달러이며 성과급은 실적에 따라 별도로 지급한다.

5) 슈퍼 공수처 CPIB의 막강한 권한

(1) 광범위한 조사권

부패혐의자는 지위 고하, 공사 구분을 막론하고 조사할 수 있으며, 검사의 관여 없이 형사절차법을 통해 검찰과 경찰조사와 관련된 특정 위법행위를 조사할 수 있다. 필요에 따라 특정인의 정보, 계좌, 문서, 물품들을 조사할 수 있다. CPIB는 공무원의 수뢰, 공무원에 대한 뇌물 공여, 직무관련자로부터의 이익수수, 대리인에 대한 뇌물 공여, 입찰관련 부정이익의 수수, 입찰관련 부정이익의 제공, 미수범 및 불능법의 처벌, 국회의원에 대한 뇌물 공여, 국회의원의 뇌물수수 등 광범위한 사항을 관할한다. 은행계정과 예금구좌 추적조사, 주식계좌, 매입 및 비용계좌, 모든 은행의 안전금고 등 모든 계좌에 대한 조사권한이 부여된다. 부패혐의자가 공직자인 경우 그의 부인이나 자녀 또는 기관의 은행통장도 조사 대상에 포함된다.

(2) 무영장 체포권과 무기 소지권

CPIB 국장 또는 특별 조사관은 영장 없이 부패방지법의 위반과 관련되었다는 믿을 만한 정보나 합리적인 신고에 의하여 부패방지법을 위반하였다고 인정되는 모든 사람을 체포할 수 있다. 체포된 자는 CPIB나 경찰서로 보내진다. 국장과 특별조사관은 체포된 사람이 소유한 물품 등이 범죄의 결과이거나 증거라고 생각된다면 수색하거나 압수할 수 있다. 다만 여성일 경우 여성에 의한 수색이 이루어져야 한다. CPIB 국장, 부국장, 부국장보 특별조사관 등은 그 임무의 효율적 수행을 위하여 무장을 할 수 있다.

(3) 무영장 압수 수색권과 계좌 추적권

CPIB 국장 또는 특별수사관은 검사의 지시 없이 형사소송법상 범죄행위와 관련한 경찰수사권 전부 또는 그 권한을 행사할 수 있다. CPIB는 누구든지 부패방지법 위반혐의가 있으면 영장 없이 그들의 계좌를 추적할 수 있으며 그의 집이나 사무실을 미리 알리지 않고(unannouced) 압수나 수색을 할 수 있다. 부패행위와 관련한 기록, 물품 재산 등이 있다고 생각되는 장소에 영장 없이 압수 수색권을 행사할 수 있다. 혐의자의 예금 인출 등 임의적 재산 처분 행위를 제한할 수 있다.

(4) 기소권이나 다름없는 기소 요구권

부패방지법 제33조는 기소는 검사의 동의 또는 승인에 의해 진행되도록 제도화되어 있다. *그러나 CPIB가 기소를 요구한 중대범죄 부패 사건에 검사가 기소를 동의하지 않은 케이스는 단 한 차례도 없다. 사실상 CPIB는 부패 사건에 대해 기소권이나 다름없는 기소 요구권을 가진다.

(5) 시정조치 요구권과 국제 공조수사권

CPIB는 담당기관의 수장에게 시정조치 요구권과 제도의 취약점과 잘못된 관행을 지적하고 담당기관의 수장에게 시정 조치를 요구하고 재발 방지의 대책마련을 권고할 수 있다. CPIB는 해외의 부패 척결을 위한 활동을 수행한다. 아시아 반부패기구(PCCACA)와 MOU를 체결하였으며 국제형사사법공조조약 하에서 범죄수사와 증거수집에 대해 타국을 지원할 수 있으며 외국으로부터 지원을 요청할 수 있다.

(6) 부패예방교육권 등 기타 권한

CPIB는 부패와 관련된 공무원들의 인식과 경각심을 일깨우기 위하여 다른 다양한 정부 부서와 협력한다. 부패 예방 강연과 세미나를 개최한다. 공무원대학(Ciil Serice College CSC)과의 파트너십을 통하여 부패행위 조사국은 중요한 직책에 있는 공무원들을 부패 예방 및 방지 프로그램에 관여한다. CPIB는 해외 연수 프로그램의 실시를 위하여 교육부 등 관계기관과 긴밀한 공조를 한다.

6) CPIB의 견제기관 - CPIB 제1천적은 싱가포르 경찰

막강한 권한을 보유한 탐오조사국 CPIB의 소속은 총리 직속이고 CPIB 국장은 대통령이 임명한다. 따라서 일각에서는 CPIB의 독주와 전횡, 언터처블 권력기관화 또는 옥상옥을 우려하거나 그것의 독립성과 정치적 중립에 의구심을 품을 수 있다. 그러나 CPIB의 협조기관 겸 감시기관의 상호견제와 균형의 체크시스템을 보면 그것이 기우에 지나지 않음을 알 수 있다. CPIB뿐만 아니라 세계 공수처가 독립기관인가, 행정부·입법부 소속인가는 크게 중요하지 않다. 오히려 공수처의 효과는 반부패방지활동을 충분히 할 수 있도록 권한이 법제상·실제상으로 부여되었는가와 함께 조사 수사 기소의 대상에서 제외되는 특권층의 유무에 따라 좌우된다.

(1) 경찰

싱가포르 경찰은 부패 이외의 범죄 수사를 담당한다. 경찰의 수사는 국민의 제보와 (우리나라처럼 검사가 아닌) 치안판사의 수사명령에 의해 시작된다. 경찰은 모든 범죄 혐의자(CPIB국장 이하 전 직원 포함)에 대하여 형법을 비롯한 각종 형사법에 규정된 다양한 범죄를 조사하고 수사할 권한을 가지고 있다. 부패한 경찰의 천적은 CPIB이고 불법 행위를 한 CPIB의 천적은 경찰이다.

(2) 검찰

싱가포르 검찰은 기소와 소송 절차를 지휘 감독하고 CPIB와 경찰의 수사에는 관여할 수 없다. 검찰총장은 대법원 판사의 자질을 지닌 자 가운데 총리의 권고에 따라 대통령이 임명한다. 헌법상 직무로서 대통령 총리에 의하여 부여된 법률문제에 관하여 정부에 조언을 한다. 검찰은 CPIB의 기소 요청에 대해 기소 여부를 결정하는 권한, 즉 기소결정권으로 CPIB의 월권을 필요충분하게 견제할 수 있다.

(3) 공무원인사위원회(Public Serice Commisson)

싱가포르 헌법 제10장에 의해 구성된 공무원인사위원회(PSB)는 공무원(CPIB 포함)의 비리에 대한 책임을 조사하기 위해 조사위원회를 임명한다. CPIB 국장 등 직원의 유죄가 인정되면 PSB는 해임 및 강제퇴직을 포함한 징계조치를 취할 수 있다.

(4) 회계감사원(Auditor Genernal's Office)

행정부의 모든 부서 또는 사무소의 회계와 법원과 국회의 모든 회계는 회계감사원(AGO)의 회계검사 대상이 된다. 회계감사원은 언제든지 회계에 관련된 모든 장부, 기록, 통계표 및 회계 관련 보고서 등을 열람할 권한을 갖는다. 부패와 관련된 혐의는 CPIB에 이송된다. 만약 CPIB직원이 연루된 상황일 경우, 경찰에 고소하여 수사를 의뢰한다.

(5) 의회와 대통령

싱가포르 의회는 정무직 공무원(CPIB국장 포함)의 해임을 요구하고 탄핵을 소추할 수 있다. *대통령은 총리의 해임 요청에 따라 CPIB국장을 해임할 수 있다.

(6) 국민

사실상 CPIB의 최대 협조자이자 감시자는 싱가포르 국민이다. 위 내부고발자 보호제도를 참조 바란다.

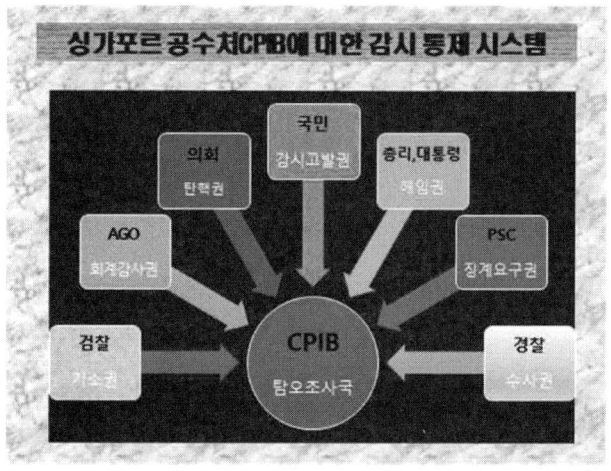

10.
영국의 반부패 쌍두마차
- SFO, 검찰감찰처

• 썩은 백합꽃은 잡초보다 더 악취를 풍긴다. -W. 셰익스피어

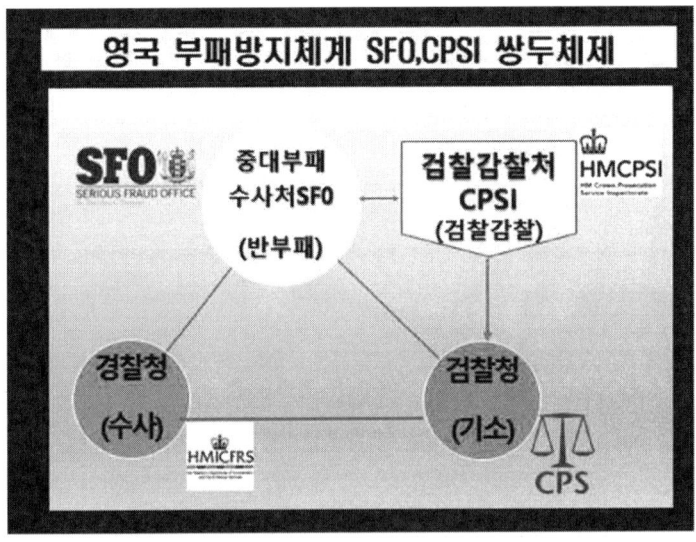

우리나라 사람에게 세계에서 법이 제일 발달한 나라는 어느 나라냐고 물으면 십중팔구 '독일'이라고 답한다. 이는 사실 아돌프 히틀러와 도조 히데키만 방긋 웃을 오답이다. 21세기 현대세계에서 성문법이 가장 발달한 나

라는 미국과 영국이다. 독일법이 세계에서 가장 발달한 법이라는 인식은 일제강점기, 그리고 해방 이후 지금까지도 지속되고 있는 일제 잔재의 주입교육의 후과이다. 일본은 자신이 모방, 도입한 법제가 독일법제이고 마침 자국과 나치 독일이 동맹국이었던 까닭에, 적국이었던 미국과 영국을 성문법도 없이 판례나 중시하는 불문법 국가로 낙인찍어왔다. 사실 미국은 현대판 로마제국이라는 별명에 걸맞게 헌법에서 형사소송법, 노동법, 해양법, 우주법 등 51부로 구성된 미국연방법전(United States Code)[27]을 비롯해 50개 주별로 체계적이고 방대한 법률과 법령으로 짜인 실정법 선진국이자 초강대국이다. 이런 미국을 낳은 영국은 헌법만 불문법이지, 세계 민주주의 제도의 종주국답게 성문법이 매우 발달한 법제 선진국이다.

영국은 영국 본국과 함께 캐나다, 오스트레일리아, 뉴질랜드 등 옛 대영제국의 식민지였던 54개[28] 국가로 구성된 국제기구 영연방(Commonwealth of Nations)의 종주국이다.

영국은 세계를 해군으로 정복하고 제도로 지배했다. 즉 부패방지 제도장치라는 방부제를 개발해내어 대영제국의 통치지역을 오래 보존하여왔다.

영연방 54개국 중 절반가량인 24개국이 공수처(반부패전담기관)를 설치하고 있다. 중화권인 싱가포르를 제외한 23개 영연방국들의 영국의 중대부패수사처(SFO)과 검찰감찰처(CPSI)를 모델로 삼았다. 공수처에 기소권 등 권한 여부에 따라 반부패 제도개선의 효과가 극명하게 차이를 보인다(표 9 참조).

---

27) 미국연방법전 https://www.goinfo.go/app/collection/uscode
28) 2020년 2월 1일 몰디브가 영국연방 재가입…인권문제 비판에 탈퇴했다가 복귀했다. "Maldies quits Commonwealth oer alleged rights abuses". The Guardian. 13 October 2016.

[표 9] 영연방 24개국 공수처(반부패기관) 일람표

영연방	국가(지역)	기관명	설립연도	소속	반부패기관의 주요 권한	청렴국 순위(*)
영국	잉글랜드 웨일스 북에이레	SFO	1987	독립	기소권, 수사권, 무영장 조사권, 묵비권 불인정	11
		CPSI	2000	독립	기소권, 수사권, 무영장조사권, 검찰청의 기소권남용 감찰 감독	
아시아·태평양	호주	ICAC	1998	독립	기소권, 조사권, 정보자료요구권	13
	뉴질랜드	SFO	1990	독립	기소권, 조사권, 정보자료요구권, 증인소환권	2
	피지	ICAC	2007	독립	기소권, 수사권, 영국 SFO와 같음	29
	싱가포르	CPIB	1952	총리실	기소권, 체포권, 수사권, 조사권, 계좌추적권	3
	부탄	ACC	2005	독립	기소권, 수사권, 조사권, 긴급체포권, 직무정지권	25
	말레이시아	ACA	1967	총리실	기소권, 조사권, 수사권, 체포권, 재산몰수권	56
	인도	CC	1964	독립	조사권, 정보수집권	71
	태국	NCCC	1997	독립	기소권(왕족 군부제외), 직위박탈권, 조사권	99
	파키스탄	NAB	1999	독립	조사권, 자산동결권, 기소권	117
	미얀마	ACC	2014	독립	체포권, 기소권,수사권, 조사권, 직위박탈권	152
	방글라데시	ACC	2004	총리실	수사권, 조사권, 정보수집권	99
	파푸아뉴기니	ITFS	2011	총리실	조사권, 정보수집권	144
아메리카·아프리카	캐나다	UPAC	2011	독립	기소권, 조사권, 정보자료요구권	9
	자메이카	OCACA	2007	독립	기소권, 수사권, 조사권	70
	나미비아	ACC	2006	대통령	기소권, 수사권, 즉결처분권 ※ 아프리카 최청렴국	52
	모리셔스	ICAC	2002	대통령	기소권, 조사권, 정보수집권	56
	카메룬	NACO	2004	총리실	조사권, 정보수집권	152
	케냐	EACC	2011	대통령	조사권, 부패신고접수	152
	시에라리온	ACC	2002	대통령	조사권, 부패관행 접수	72
	남아공	NACF	1998	독립	부패관행 개선 포럼	73
	탄자니아	WIROBA	1996	대통령	조사권, 정보수집권	99
	나이지리아	ICPC	2000	대통령	부패관행 접수	144
	세이셸	ACC	2016	독립	수사권, 조사권	129

※ 2018 부패 인식 지수(Corruption Perceptions Index, CPI) 국제투명성기구(TI) 발표 국가별 청렴도 순위

※ 회색 음영 표시는 기소권 있는 공수처

1) 경찰권을 통제하기 위해 생겨난 영국 검찰청과 중대부패수사처

> 한국인에겐 놀라운 일, 세계인에겐 상식
> - 영국 비롯 영연방 52개국과 중국 등 중화권 국가들의 공통점 -
>
> 1. 검찰권 대비 경찰권의 우위
> 2. 검찰권과 경찰권 대비 감찰권의 압도적 우위

세계 민주제도의 롤모델국 영국에선 검찰 제도 자체가 없었다. 1985년까지 영국은 경찰청이 범죄사건에 대해 수사와 기소제기 여부를 독점해왔다. 이러한 무소불위의 경찰 권력에 대한 국민적 불만이 증대하고 기소를 전담하는 기관과 중대 부패행위의 수사와 기소를 담당할 단일조직의 필요성이 증대하게 되었다.

영국 정부와 의회는 1985년 범죄기소법(Prosecution of Offences Act)을 개정하여 왕립기소청(Crown Prosecution Serice: CPS, '기소청'으로 약칭)을 창설하였다. *기소청장은 법조경력 10년 이상인 인사 중에서 법무장관(Attorney General)이 임명하고 법무장관의 지휘, 감독을 받는다. 영국 기소청에는 6,900명의 직원과 2,900여명의 검사(Prosecutor)가 기소청장의 지휘를 받아 기소업무를 담당하고 있다. 기소청장은 직무 수행의 결과를 매년 법무장관에게 보고하도록 되어 있으며, 보고를 받은 법무장관은 이를 의회에 보고하고 정부간행물로 발표한다.[29]

기소청 설치 2년 후 영국 정부와 의회는 1987년 형사재판법(Criminal

---

29) 김희순, "국가간 비교를 통한 반부패감시기관의 성공요인연구: 유형별 공직 부패방지기구를 중심으로" 서울대학교 행정대학원, 2004. 36-37쪽

Justice Act)을 개정했고, 이 법에 근거하여 1988년 4월 중대부패수사처 (Serious Fraud Office :SFO)을 설치하고 업무를 개시했다. * 영국의 공수처 격인 중대부패수사처는 한국의 공수처처럼 무소불위의 검찰권을 통제하기 위해 설치된 것이 아니다. 수사와 기소 제기 여부를 독점하는 경찰권에 대한 국민적 불만을 국가차원에서 적극 수용하여 대처한 결과, 탄생한 조직이다.

2) 영국 제1 공수처, 중대부패수사처[30]의 조직과 권한

중대부패수사처는 형사재판법에 근거하여 엄격하게 독립성을 보장하는 정부기관이다. *처장(Director)은 법무장관이 임명하며 관할지역은 잉글랜

---

30) 영국 중대부패수사청 https://sfo.go.uk/

드와 웨일즈 및 북에이레다. 스코틀랜드는 왕립재정검찰청에서 별도로 관장한다. 정책실은 입법 기획과 청장에 법률 자문, 조사관 및 실무법률가에 연구 서비스 제공을 담당한다. 조사 기소실은 중대부패수사처 관할지역에서 발생한 부패사건을 처리하는데 분야별로 4개과로 구분, 담당한다. 총무국은 재정 계획( )수립 통제, 회계 관리, 직원 채용 훈련, 일반 행정 등을 담당한다. 그밖에 회계과 컴퓨터수사팀, 법무 공조팀, 공보실 등으로 구성되는 2019년 현재 중대부패수사처는 법률, 회계, 경제, 무역, 건설, 의학, 전자공학 등 각계 전문직 450명가량이 상근하고 있다.[31]

중대부패수사처는 독자적인 조사권, 수사권, 기소권과 공소유지 여부에 관한 결정권, 개인정보 정보 요구권 등을 보유하고 있다. 중대부패수사처는 중대한 부패사건을 개인 기업 자선단체 및 비영리단체 시장남용, 국고, 공공영역, 기타 행위 등 7개의 유형으로 분류한다. 대체로 100만 파운드 이상되는 중대 복잡하고 전문적인 부패사건을 경찰, 무역산업부, 세관, 영국은행, 런던 증권거래소 또는 개인으로부터 접수받아 조사·수사한다.

청장이 특별 권한의 행사가 필요하다고 판단되는 경우 법원의 영장 없이 금융기관에 개인이나 단체에 관한 금융정보를 요구할 권한이 있다(형사재판법 제3장 제23조 2항). 또한 긴급 상황의 경우 사전통지 없이 즉시 답변, 정보 제공, 서류 제공 등을 요구할 수 있다. 이에 합리적인 이유 없이 정보 제공 요구에 불응하거나 잘못된 정보를 제공하는 자는 징역 2년 이하 또는 1만 파운드 이하의 벌금형에 처하도록 하며 피의자의 진술거부권을 인정하지 않고 있다(형사재판법 제3장 제23조 15항). 피의자의 형사절차상의 인권보다 국가·사회의 공적 이익과 피해 확산의 방지를 더 중시하는 입법 취지로 해석된다.

---

31) 박경철, 『영국의 공직자 부패행위에 관한 비교법적 연구』, 한국법제연구원, 2015. 92-94쪽

중대부패수사처가 처리하지 않는 부패사건은 영국 각지 지역경찰 반부패 팀에서 수사를 맡고 검찰이 1심 법원인 치안법원(Magistrates' Court)에 예심절차를 거친 후에 2심 법원격인 형사법원(Crown Court)의 정식 재판에 회부된다. 반면에 중대부패수사처가 처리하는 중대 부패 사건은 형사법원에 직접 공소를 제기함으로써 반부패 효과성이 매우 크다.[32]

3) 검찰권(기소권)을 통제하기 위해 생겨난 검찰감찰처[33]

1980년대 중반 이전 영국의 경찰권은 무소불위였다. 영국에서는 범죄행위에 대한 조사와 수사는 물론이고 기소·공소 유지 등 형사사법 절차의 모든 권한은 원칙적으로 경찰에 의하여 행사되었기 때문이다.

1985년에 왕립기소청, 1987년에 중대부패수사처가 설립되면서 무소불위의 경찰권은 제어를 받기 시작했다. 여러 차례 형사재판법을 개정하여 경찰은 형사 사건에 대한 기소를 제기할 시 검찰청장의 지휘와 승인을 받도록 하면서부터 영국 검찰의 위상은 많이 강화되었다.

영국 검찰은 경찰에 의하여 제기된 기소를 담당하는 기관일 뿐이다. 그럼에도 불구하고 검찰의 권력은 기소권 하나만으로 여타 사법행정기관을 압도할 수 있다. 사법행정 권력의 꽃은 기소권이다. 기소·불기소에 따라 피의자의 행복과 고통의 길로 들어서는 문이 좌우되기 때문이다.

기소 여부를 마음대로 결정하는 기소재량권을 자신들의 치부를 은폐하

---

32) 윤광재, "각국 부패현황 및 대책: 유럽사례- 영국 프랑스 독일을 중심으로", 한국정부학회 학술발표논문집 2010. 150쪽
33) 영국 검찰감찰처 https://justiceinspectorates.go.uk/

기 위하여 이용하는 일도 있을 수 있다. 실제로 범죄의 객관적 혐의가 인정되고 소송조건이 구비된 경우에도 기소를 하지 않고 자의·독선에 의해 치우치거나 정치적 영향을 받는 사건이 빈발했다. *그러자 중대부패수사처 뇌물과 관련 없는 비금전성 권력 남용 행위를 감찰·감독할 필요성을 수용하여 영국정부는 검찰청을 감찰하는 검찰감찰처를 설립하였다. * 그러자 영국 정부와 의회는 검찰의 기소권과 공소유지권을 감독하고 검찰 제반업무를 감찰하기 위한 검찰감찰처(Crown Prosecution Serice Inspectorate:CPSI)을 독립기관으로 설치(2000년)했다.

4) 영국 제2공수처, 검찰감찰처 진정한 슈퍼파워

검찰감찰처장은 검찰청장과 중대부패수사처장과 마찬가지로 법무장관이 임명한다. 검찰감찰처는 3개 감찰부와 1개 운영협력부로 조직되었다.

검찰감찰처의 관할 범위는 중대부패수사처보다 광범위하다. 검찰청 본부를 감찰하고 영국 전역의 모든 검찰 조직을 감찰한다. 검찰의 기소권과 기소 제기 승인권은 물론 검찰의 감형과 가석방, 교도소 법무행정까지 감찰한다. 검찰감찰처는 독자적으로 또는 중대부패수사처, 경찰, 감사원(NAO), 공공회계감사위원회(PAC)등과 긴밀한 업무 협력으로 수사와 기소를 진행한다.

또한 검찰감찰처는 검찰만 아니라 검찰권 행사와 관련하여 경찰, 소방서, 재난대책위[34]까지 감찰한다. 2014년 제정된 「반사회 범죄공안법(Anti-social Behaiour, Crime and Policing Act)」에 따라 중대부패수사

---

34) 영국 경찰청(경찰 소방 재난구조) https://justiceinspectorates.go.uk/hmicfrs/

처까지도 검찰감찰처의 감찰대상이 되었다. 육·해·공 각군 사령관의 요청이 있을 경우 군부 내의 검찰권 남용관련 행위까지 감찰할 수 있다.

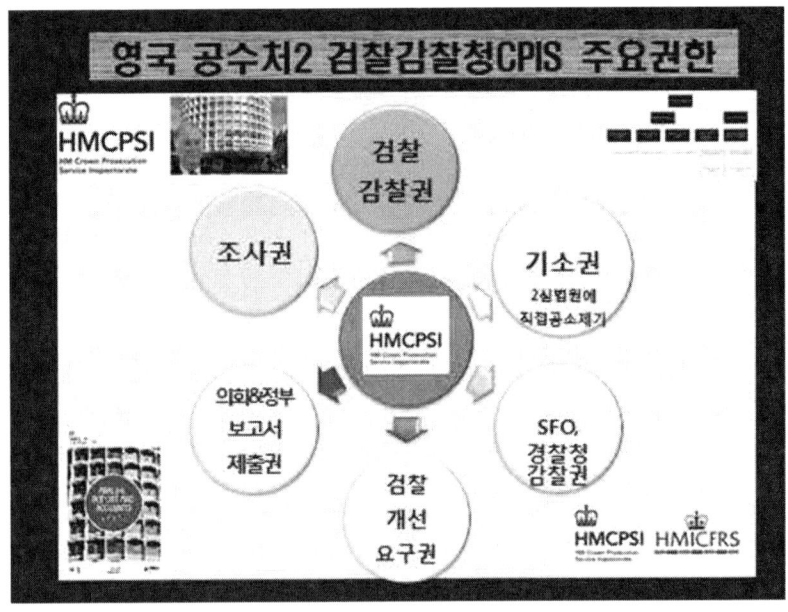

검찰감찰처가 기소한 사건은 중대부패수사처가 제기한 사건과 마찬가지로 1심법원을 거치지 않고 2심법원에 직접 회부된다. 검찰감찰처장은 검찰에 대한 감찰결과를 정기·비정기적으로 법무장관에게 직보하고 보고를 받은 법무장관은 이를 의회에 보고하고 정부간행물로 공개한다.

요컨대 영국의 1호 공수처 중대부패수사처는 무소불위의 경찰권을 견제하기 위해 1987년 설치했고, 영국의 공수처 2호 검찰감찰처는 경찰권을 제어하느라 비대해진 검찰권(특히 기소권)을 통제하기 위해 2000년에 설치했다.

반면에 우리나라는 경찰권이 비대해지자 검찰에 권력을 몰아주었고, 다시

안기부(국정원)의 권력이 막강해지자 또다시 검찰에 권력을 독점하도록 몰아주었다. 영국의 중대부패수사처와 검찰감찰처처럼 새로운 제3의 기관들을 창설해 견제와 균형을 이뤄낼 생각은 않고 기존 검찰권과 경찰권의 시소게임만 계속해왔었다.

3) 국가청렴지수 베스트 일레븐의 공통점은?

2019년 국가청렴지수 베스트 일레븐(Best 11)국가, 1위 덴마크, 2위 뉴질랜드, 3위 싱가포르·핀란드·스위스·스웨덴, 7위 노르웨이, 8위 네덜란드, 9위 캐나다·룩셈부르크, 11위 영국의 공통점은 검찰의 권한이 기소권뿐이라는 점이다.

더구나 현대 세계 민주 법치제도의 모델 국가이자 53개 영국연방의 종주국 영국 역시 검찰의 권한이 기소권뿐인데도, 별도로 기소권, 수사권, 조사권을 보유한 중대부패수사처(SFO)이 있는데도 검찰의 기소권 남용을 감독하고 검찰업무를 감찰하기 위한 HMCPSI 검찰감찰처(Crown Prosecution Serice Inspectorate)을 독립기관으로 설치(2000년)했다. 우리나라도 하루빨리 이러한 영국의 선진검찰감찰제도를 한국 헌정 체제와 글로벌 스탠더드에 적합하게 창조적으로 벤치마킹할 것을 제안한다.

공자님의 말씀 하나를 덧붙이자면, 예로부터 군군신신부부자자(君君臣臣父父子子, 임금은 임금답고 신하는 신하다우며 아버지는 아버지답고 아들은 아들다워야 한다)라 하였다. 즉 검찰과 경찰, 공수처가 자기 직분에 충실하도록 각각 기소, 수사, 반부패를 전담하게 하는 등 큰 틀에서의 획기적 개선이 시급하다.

영국 런던 시내에 위치한 검찰감찰처 HMCPSI 본부 건물.
사진 속 인물은 캐빈 맥긴티(Kein McGinty) 검찰감찰처장(2015년 부임 북아일랜드 법무청장 역임)

영국 검찰청의 유일한 권한 기소권과 검찰청 직무를 상시 감찰하는 독립기관 영국 검찰감찰처(HMCPSI) 로고

11.
가장 성공한 공수처, 홍콩의 염정공서

- 뭐? 물이 너무 맑으면 물고기가 살 수 없다고? 물이 너무 맑아 살 수 없다면 그건 물고기가 아니라 벌레들이다. -리카싱

- 무제한적인 권력은 그것을 가진 사람들의 마음을 부패시키기 쉽다. 법이 끝나는 곳에서 독재는 시작된다. - W.피트

홍콩은 국가가 아니라 중국의 특별행정자치구다.[35] 홍콩은 달과 비슷하다. 우리가 바라보는 달은 달의 앞면이지 달의 뒷면은 아니다. 서방 세계가 보는 홍콩이 달의 앞면이라면 중국이 보는 홍콩은 달의 뒷면이다. 서방 세계에게 홍콩은 이지러지는 달과 같다. 2021년 3월 현재 홍콩은 잔여 수명이 26년 3개월 남은 하현달과 같다. 반면 중국 대륙에게 홍콩은 차오르는 달

---

35) 1984년 중-영 공동성명(Joint Declaration)등 국제법에 따라 홍콩은 1997년 7월1일 중국의 특별행정자치구의 하나가 되었으며 2047년 7월 1일 완전한 중국의 국내 지방도시가 될 예정인 행정특별구역이다. 덩샤오핑이 고안한 마법의 틀, 행정특구 제도는 홍콩을 피 한 방울 묻히지 않고 반환받고 나아가 대만을 흡수 통일하기 위해 마련한 제도적 장치이다. 홍콩은 중국 중앙정부로부터 50년간 한시적으로 권한을 위임받아 중국내지와 점진적으로 일체화시키는 '중국특색적 특별지방자치지역'이다. 중국과 홍콩의 관계는 중앙정부와 1개 지방정부의 관계로서 상명하복의 수직관계이다. 강효백, 『G2시대 중국법연구』 "홍콩특별행정구의 제도적 특성", (주)한국학술정보, 2010, 146~147면

이자 2047년 6월 30일 만월을 향해서 커가는 상현달이다. 이처럼 서방세계와 중국의 홍콩관은 달라도 너무 다르다.

홍콩 염정공서

1950~1970년대 중반까지 영국 식민지 홍콩은 겉보기에는 일본과 함께 경제 성장을 이루어 발전한 부유한 도시였으나 내부(로)는 총독부 관료부터 하급 관리와 민간에 이르기까지 전부 다 썩은 최악의 부패도시였다.

1973년, 영국 출신의 홍콩 경찰 간부인 피터 고드버가 당시 430만 홍콩 달러의 전횡을 저지르고 홍콩에서의 출국 금지를 무시한 채 영국으로 도주한 사건이 발생했다.

부패를 밝혀내고 처벌해야 할 경찰 총수가 수사 중에 어떻게 국외로 도피할 수 있는지 시민들은 분노했다. 진실을 알고자 하는 시위는 학생들에게서 시민들로 확산되면서 6개월 이상 계속됐다. 결국 고드버는 홍콩으로 소환되고, 수사 끝에 4년의 실형을 선고받게 된다.

이 사건은 부패 관련 수사를 부패가 만연한 경찰에 맡길 수 없다는 논의를 불러 일으켰고, 그 대안으로 염정공서(廉政公署:ICAC, Independent Commission Against Corruption)가 탄생했다. 1974년 2월 15일 설립된 염정공서는 염정공서법, 뇌물방지법, 선거부정 및 불법행위방지법 등 이른바 부패방지 삼륜법의 뒷받침을 받는 강력한 권한을 가진 부패방지기구이다.[36]

이후 염정공서의 서슬 시퍼런 부패단속과 지속적인 대국민 홍보로 인해 1980년이 되면서 부패는 거의 자취를 감추게 되었다.

1) 가장 확실한 독립성 조직, 염정공서

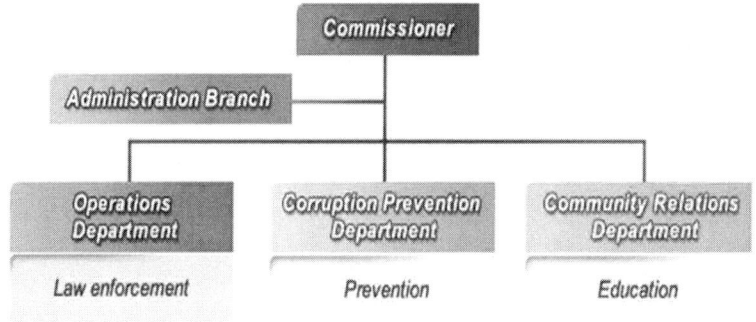

---

36) 홍콩 염정공서 https://www.icac.org.hk/en/home/index.html

염정공서의 최대의 강점은 확실한 독립성이다. 염정공서의 독립성은 행정장관(Chief Executie)에 공식적이고 직접적으로 책임을 지는 염정공서 서장(Commissioner)과 조직의 경쟁력에 의해 구현된다.[37]

염정공서는 조사를 포함한 운영과정에서 정치인, 관료, 정당 또는 정부의 지시를 받지 않는다는 점에서 독립적이다. 1997년 7월 1일 홍콩 반환 이후 염정공서 서장은 홍콩 행정 장관이 지명하고 중화인민공화국 국무원에 의해 임명된다. 염정공서는 홍콩 정부로부터 자원을 받고, 지출은 일반 회계로 처리한다.[38] 2020년 3월 현재 염정공서는 컴퓨터 법의학, 법률, 행정, 재무, 경영, 관리, 교육 및 정보 기술 분야 박사급 전문가 115명을 포함, 1400여 명의 직원이 근무하고 있다. 절반 이상이 10년 이상 근무경력의 베테랑들이다.[39] 직원 채용(의) 공고, 시험, 선발, 면접, 임명과 훈련 등 인사의 전반적 업무를 염정공서가 독립적으로 실행한다.

염정공서 직원들은 생계형 부패에 노출되는 것을 방지하기 위해 일반 공무원들보다 1.8배에 달하는 높은 보수와 각종 복리후생을 제공받고 있다.

염정공서는 부패 척결을 위해 법 집행·예방·교육이라는 세 가지 측면에 집중하는 접근법을 취하고 있다.

염정공서 서장 아래 3대 기능을 담당하는 집행처(Operation Department), 부패예방처(Corruption Preention Department) 지역사회관계처(Community Relation Department)가 있다.

---

37) 김희순, "국가간 비교를 통한 반부패감시기관의 성공요인연구: 유형별 공직 부패방지기구를 중심으로", 서울대학교 행정대학원, 2004, 36~37쪽
38) 김정계, 『동아인문학회』, "홍콩의 반부패 전략의 평가와 성공요인", (『동아인문학회』제22집, 2012, (제22집,) 404~405쪽
39) https://www.icac.org.hk/en/about/struct/index.html

* 집행처는 부패에 대한 시민의 제보를 접수하고 체포·감금·압수·수색 기소 요청 등을 담당하는 법 집행부서로 염정공서 직원 8할 이상이 근무하는 염정공서의 핵심 부서다.

부패방지처는 각 정부 부문 및 공공기관의 업무의 규칙과 절차를 감시하여 부패 발생을 최소화하는 역할을 맡은 부서다.

지역사회관계처는 시민에게 부패의 해악에 대한 인식을 교육하고 시민이 적극적으로 반부패 업무를 협조하도록 교육하는 부서다.

한편 염정공서의 월권과 탈선을 방지하기 위한 여러 독립위원회가 설치되어 있다. 운영평가위원회는 집행처, 부패방지자문위원회는 부패방지처, 사회관계자문위원회는 지역관계처를 자문하고 감시하는 역할을 한다.

2) 홍콩 포청천 염정공서의 막강한 권한

자유 무역항이 갖는 편견과는 달리, 홍콩에서 돈세탁을 하거나 홍콩을 조세 피난처로 삼는 일은 불가능에 가깝다. 바로 무서운 염정공서와 그것의 막강한 권한 때문이다.[40]

「염정공서조례」는 염정공서의 법 집행에 필요한 조사권, 체포·감금·보석승인권, 압수권을 규정하고 있다.

염정공서의 수사는 시민의 신고나 밀고 또는 염정공서의 재량에 따라 이루어진다. 염정공서는 부패 혐의자를 영장 없이 체포하고 48시간 동안 구금할 수 있는 수사권을 갖고 있다. 필요시 권총 등 무기 휴대 및 경찰특공대인 SDU 동원도 가능하다.

---

40) https://www.icac.org.hk/en/about/power/index.html

체포된 피의자는 보석 등으로 석방되지 않으면 48시간 이내에 영장 전담 판사에게 인계돼 영장 실질 심사를 받게 된다.[41]

염정공서는 공직자가 직무 수행에 있어 '이익'을 바라고 행한 모든 행위는 부정으로 처벌할 수 있다. 현직뿐 아니라 전직 공무원의 경우에도 봉급 수준을 웃도는 생활을 하면서도 합당한 이유를 제시하지 못하면 유죄로 처벌하고 있다. 내부고발자라고 부르는 부패행위에 대한 정보를 제공한 사람들이 요청하거나 그들을 보호할 필요가 있을 경우 새로운 신분을 만들어 줄 수도 있다.

피의자 기소 여부는 검찰을 통수하는 법무부 격인 율정사(律政司)가 전담한다. 피의자 기소 여부는 율정사 산하 정부율사소추방침규범 기준에 따른다.

(3) 최악의 부패도시에서 최고의 청렴도시로 만든 염정공서

염정공서 덕분에 홍콩은 세계에서 가장 깨끗한 지역 중의 하나가 되었다. 2018년 홍콩의 청렴지수(CPI)는 세계 14위를 기록하였다. 학교, 병원, 소방서, 심지어 경찰에까지 뇌물이 횡행하던 홍콩이 아시아에서 싱가포르 다음으로 부패 없는 지역이 되고, 홍콩의 청렴지수가 상승곡선을 그은 데에는 염정공서의 역할이 크다. 홍콩 내부 평가도 높다. 홍콩 시민 90% 이상이 이 기구를 절대 신뢰한다. 높은 신뢰도의 기저에는 부패 혐의자에 대한 집요한 추적과 수사, 높은 유죄 선고율이 자리한다.

염정공서 설치 이후 처음 20년간 염정공서는 모두 22,828건을 조사해 6,261명을 기소했다. 1,355명은 공무원, 218명은 공기업 직원, 나머지는

---

41) Section 10(5) of the ICAC Ordinance in the Text of the Law

민간 부문이다.[42] 2019년에 염정공서는 총 274명을 수사하고 그중 134명을 기소했다. 105명은 유죄 판결을 받아냈다. 불기소한 140명은 위법행위 또는 과실 사례를 공직자의 소관부서에 회부, 파면, 해임, 정직 등 105명을 중징계하고 20명을 공식 경고하게끔 했다.

홍콩 부패 척결의 성공 요인은 염정공서에 부여된 강력한 권한만이 아니다. 부패 척결을 위한 끊임없는 제도 개선과 아낌없는 투자가 진정한 성공 비결이다. 홍콩은 이미 1948년 부패방지법을 제정하였고, 1974년 개정, 1971년 뇌물방지법 제정, 1974년 염정공서 설립 등 부패방지를 위한 다양한 제도적 인프라를 구축했다. 이와 더불어 1400여 명의 직원이 10억 740만 홍콩달러(한화 약 1800억 원, 2020년 3월 현재 기준)의 예산을 사용한다.[43] 2020년 현재 홍콩의 인구는 740만여 명으로 염정공서 직원 1인이 5200여 명의 부패문제를 담당하는 셈이다.

뿌리 깊은 권력형 부패를 없애기 위해서는 스포츠 아닌 스포츠 부패 척결 운동은 아무 소용이 없다. 부패 예방과 척결을 위한 강력한 제도적 장치를 구축해야 한다. 또 이의 원활한 작동을 위하여 적절한 예산과 인력을 투입하고 장점을 강화하고 단점을 보완해가는 꾸준한 제도개선 실천이 더욱 중요하다.

---

42) Jack M. K. Lo, "Controlling Corruption in Hong Kong: From Colony to Special Administratie Region," Journal of Contingencies and Crisis Management, ol. 9, No. 1(March 2001), p.27.

43) https://en.wikipedia.org/wiki/IndependentCommissionAgainstCorruption(HongKong)

12.
대만의 공수처 염정서, 절반의 성공

- 썩은 나무에는 조각을 할 수 없다. - 공자

아시아 최고 알부자 나라는 어디일까? * 놀라지 말라. '대만'이다.

우리나라 경상남북도만 한 좁은 영토에(3만 6천㎢) 인구는 약 2,400만으로 도시국가를 제외하면 가용 면적 대비 인구밀도가 전 세계 최고인 대만, 석유나 철광 등 이렇다 할 부존자원도 없고 350배나 큰 중국 대륙과 정치·군사적으로 대립상태인 데다가 유엔회원국도 아닌 나라, 2021년 2월 현재 수교국 15개뿐인, 외교적 고립 상태에 놓인 대만의 경제지표(CIA 자료 기준)를 우리나라와 일본과 비교해 보자.

2019년도 대만의 1인당 구매력 기준 GDP는 세계 28위, 싱가포르 등 도시국가를 제외한 순위는 세계 15위, 동아시아 1위를 기록했다. 외환 및 금 보유고는 4,567억 달러로 세계 5위, 총수출액은 $ 3조 4980억 15위를 차지했다. 한국과 일본 인구의 각각 절반과 6분의 1가량의 인구 대만 1인당 인구 대비로는 한국과 일본을 압도한다. GDP 대비 국가부채율은

35.7%로 149위, 국가부채율 8년 연속 세계 1위국에 비해 더할 나위 없이 건전하다. 또한 국민의 소득에서 세금이 차지하는 정도를 나타내는 지표인 조세부담율은 16%에 불과하여 세계에서 조세부담율이 가장 낮은 나라V중 하나다. 또한 큰 부자와 글로벌 대기업은 없어도 중소기업과 작은 부자가 많은 나라다. 대만은 한마디로 알부자 나라다.

일본은 물론 한국보다 훨씬 열악한 여건인 대만이 왜 이처럼 잘(사는 나라일)사는 나라로 자리매김한 것일까?[44]

제도 개혁을 핵심으로 하는 융복합 인문사회과학도를 지향하는 필자가 보기에 대만 알부자의 비결은 다음 세 가지 보물법제가 있기 때문이다.

① 1982년 세금영수증복권제(세금영수증과 복권을 통합) 제정 및 부단한 제도개선으로 부가가치세(영업세)의 탈루율을 0.1% 이하로 극소화
② 2003년 국민투표제(유권자의 1.5%가 서명하면 자동 국민투표) 제정, 총 6회 국민투표 실시
③ 2011년 기소수사권 보유한 슈퍼 공수처인 염정서를 설치 현재까지 고위공직자부패사범(장교 공기업체 임원 포함) 사형 2명, 8년 이상 징역 5명 등

세 번째, 염정서를 중심으로 이야기하고자 한다.

부패 때문에 대만으로 쫓겨난 장제스(蔣介石, 1887~1975) 총통은 1949

---

44) 신용카드복권은 2006년 1월 폐지, 직불카드복권은 2010년 1월 폐지, 2006년 1월부터 나머지 영수증복권 1등 당첨금을 1,000만 원으로 감액하는 등 당첨금과 당첨율이 대폭 줄어들었다. 따라서 한국 영수증복권제의 전성기는 2005년 단 1년간이라고 할 수 있다.

년 12월 총통부 광장에서 부패 혐의로 자신의 큰며느리를 공개 총살했다. 그는 부패 때문에 패망한 자신과 국민당을 뒤늦게 증오하며 그때그때 피의 살육으로 대처했다. 효과는 전혀 없었다. 제도 개혁 없는 사안별 중벌주의는 오히려 그가 의도했든 안 했든, 정적 제거 목적으로 해석될 뿐이었다.

1) 대만 공수처, 대만 법무부 산하부서 중 서열 1위

대만의 법무부 염정서(廉政署, Agency Against Corruption, AAC)는 2011년 7월 20일 창설된 대만의 반부패기관이다. *홍콩의 염정공서ICAC와 싱가포르의 탐오조사국CPIB와 중국의 중앙기율검사위CCDI를 각각 3분의 1씩 벤치마킹하여 설립한 대만 법무부 산하 외청 1국 중 특별서다.

대만 법무부염정서 법무부 청사 내에 소재

대만 법무부 산하에는 ① 염정서(공수처) ② 교정서(矯正署 법무부 교정본부), ③ 행정집행서(行政執行署), ④ 조사국(調査局,미국 FBI와 유사), ⑤ 최고검찰서(最高檢察署, 대검찰청), ⑥ 대만고등검찰서(臺灣高等檢察署, 서울 고등

검찰청과 유사)등이 있다. 대만 법무부 산하 5서 1국 중 염정서가 서열로나 예산으로나 제일 앞자리를 차지하고 있다. ※ 대만법무부 예산 17억 대만달러, 염정서 예산 4.2억 대만 달러[45]

2) 한국 공수처처럼 청원한 지 24년 만에 설치된 염정서

우리나라 공수처(고위공직자범죄수사처)가 1996년 참여연대가 공직자비리수사처 설립 입법청원을 한 지 24년의 우여곡절 끝에 2020년 12월 설치되었듯, 대만의 염정서도 24년의 우여곡절을 겪었다.

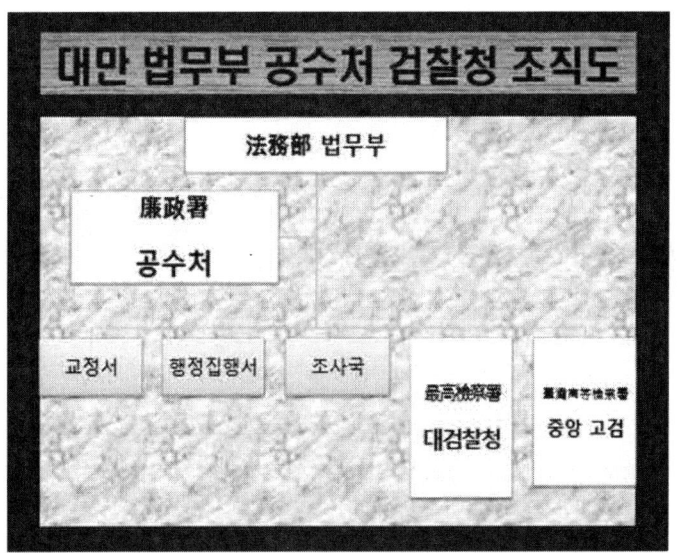

출처: 대만 법무부와 법무부염정서 법령과 각종 자료를 참조하여 필자가 직접 작성

---

45) 중화민국 법무부 https://zh.wikipedia.org/wiki

1987년 7월, 장징궈(蔣經國, 1910~1988, 장제스 초대 총통의 아들)총통 집권 당시 103명의 입법원 의원들이 연명으로 행정원 산하에 '부패방지국' 설치를 제안했다. 이듬해 1월 장징궈 총통이 급서하고 리덩후이가 그 자리에 오르는 바람에 대만의 반부패기관 설치부가 주도하여 행정부에 제안한 건의는 건의로서 끝났다.

2000년 5월 민진당 신임 천수이볜(陳水扁, 1950~, 재직중 부패혐의로 19년형 구속)총통 정부 법무부는 2000년 10월 「법무부 조직법」 및 「법무부염정서 조직조례」 초안을 작성했으나 행정부내에서 유야무야되었다. 천수이볜 2기 정부 때인 2005년 10월 26일, 행정원 제2963차 회의는 제한된 수사권의 염정서 설치법을 심의하여 입법원에 보냈다. 그러나 민진당 지배의 입법원은 2년 반 동안 법안을 계류시켜놓았다. 그러자 2008년 3월 총통선거 한 달 전인 2008년 2월 13일 법사위원회에서 염정서 설치법 초안을 통과시켜 법안을 입법원 본회의에 보냈다.

2008년 5월 20일 국민당 소속의 12대 중화민국 마잉주(馬英九)총통은 취임사에서 강력한 반부패기관 염정서 설치를 선언했다. 이틀 후인 5월 22일 대만 법무무는 '중화민국 반부패 기관 설립 평가에 관한 보고서'를 제출하고 부패예방 및 부패방지기관 설립을 제출했다.

같은 해 7월 27일, '법무부 조직 조정 및 기획 소조'는 법무부 조직개혁안을 마련하고, 구체적인 공수처 조직 직급 업무 분장안을 공개했다. 2009년 12월 14일 법무부는 구 정권의 염정서 설치법안을 철회하고 새로운 염정서 설치법안을 입법원에 제출했다. 2010년 1월 8일 입법원은 기존의 천수이볜 정부의 염정서 설치법 철회를 가결했으나 새 염정서 설치법안은 기득권의 반발로 표류되고 있었다.

그러던 중 판사가 뇌물을 받고 무죄를 선고한 사건으로 관련 판사 4명에게 징역 11~20년, 검사 1명에게 징역 6년, 변호사 1명에게 징역 1년 6개월 형이 선고됐다. 이 법조 비리사건은 새로운 공수처 창설의 촉매가 됐다. 2010년 12월 9일, 법무부 부패방지에 관한 독립위원회, 즉 염정서 설치법 초안이 대만 입법원 법사위원회 제16차 회의에서 통과되고, 2011년 4월 1일 입법원 본회의에서 법무부 염정서 조직법을 의결하고 4월 20일 마잉주 총통은 동 법률안을 공포했다. 2010년 7월 20일 법무부 염정서(서장 차관급)가 설치되었다.[46]

3) 법무부 염정서의 내부 조직과 권한

염정서는 서장(차관급) 외 부(副)서장 2인 산하에 종합규획조(綜合規劃組 Planning), 방탐조(防貪組, Corruptiontion Preention), 숙탐조(肅貪組, Ciil Serice Ethics), 정풍업무조(政風業務組, Malpractice Inestigation), 북부지서, 중부지서, 남부지서를 두고 지원조직으로 비서실, 인사실, 주계실이 있다.[47]

염정서 내부 조직도

---

46) 法務部廉政署 https://www.aac.moj.go.tw/
47) 法務部廉政署處務規程

염정서 본부의 총원은 200명 규모로 '법무부염정서조직법'에 따른 정원은 240명이다. 업무는 크게 반부패정책의 수립과 추진 등 기획, 부패행위 단속, 부패방지, 정풍 등으로 나뉜다. 그중에서도 부패행위 단속을 맡은 숙탐팀이 염정서의 핵심 부서이다. 숙탐조는 형법, 공직자 이익충돌회피법, 공직자재산신고법, 공무원청렴윤리규범 등 반부패관련 법률 법규 및 지침을 위반한 정부 부문 공공기관, 군과 민간 사회단체, 학교, 공기업에 소속된 공직자와 임직원의 부패관련 조사와 법 집행업무를 담당한다. 각 행정기관반부패기구의 업무를 지휘 감독한다. 숙탐조에는 상주검사(파견검사)도 존재하는데, 수사·기소 관련 염정업무를 관리한다.

대만 염정서의 조직 독립성은 홍콩의 염정공서에 비해 약하지만 염정서의 권한의 범위는 홍콩의 염정공서에 버금가게 강력하다. 대만 염정서는 특수한 경우 무영장 체포권, 수사권, 압수수색권, 위반행위자의 구금, 계좌 추적권, 혐의자의 임의적 재산 처분 및 예금 인출 등 재산권 행사 제한 명령권, 재산명세서 제출 요구권 등 강력한 조사권 및 수사권을 보유하고 있다. 부패 통제의 효과성이 크게 나타나고 있다. 염정서는 인지·고발 사건을 부패사건과 일반사건으로 분류한다. 전자는 직접 수사하고, 후자는 자체 처리나 검찰·경찰·법무부 조사국 등 관련 기관 이첩이 원칙이다. 수사 후 기소 여부 판단은 상주검사가 하며, 경우에 따라 최고검찰서(대검찰청) 소속 전담 검사가 맡기도 한다.(권한의 법적근거: 법무부 조직법, 법무부염정서 조직법)

4) 염정서의 실적과 평가: 절반의 성공

대만 염정서는 2018년 10월 말 현재까지 총 387건을 기소하여 사형 2명, 8년 이상 징역 5명 등을 비롯, 대다수 유죄판결을 받아냈다. 염정서가 거둔 주요 실적은 다음과 같다.

- 2015년 9월 금문현 경찰서장 陳○○ 11년 징역
- 2015년 7월, 신베이시 부시장 쉬즈젠(許志堅) 뇌물죄 사형판결
- 2015년 2월 공군 제1병참부 장교 詹○○ 뇌물수수죄 8년 징역
- 2014년 2월 곽모 중령 뇌물수수죄로 기소, 14년 징역
- 2013년 1월 공기업체 사장 黃○○ 거액의 뇌물죄와 주가조작죄 사형[48]

또한 2017~2018년 2년간 염정서는 1,453명의 부패혐의자를 수사했는데 그중 고위공직자는 129명이나 된다. 중앙부처 과장급 이상 비선출직 고위 공직자는 65명, 지자체의원 등 선출직 공직자는 64명에 달한다.

염정서 설치 전 2008년 대만의 국가청렴지수CPI 순위는 39위로 한국의 40위와 큰 차이가 없었다. 그러나 2011년 염정서 설치 후 2012년 37위, 2014년 36위, 2018년 31위로 매년 청렴지수가 올랐다. 이에는 염정서의 공이 크다는 게 대만 국민 일반의 평가이다.

한편 비판의 목소리도 없지 않다. 대만의 염정서는 행정수반 직속으로 설치된 싱가포르의 탐오조사국과 홍콩의 염정공서와는 달리 법무부 산하 조직으로 독립성이 취약하다.

---

48) 法務部廉政署 起訴判決貪瀆案件 https://www.aac.moj.go.tw/6398/6540/6544/Lpsimplelist

싱가포르와 홍콩이 권력형 부정부패를 확실하게 척결할 수 있었던 배경은 탐오조사국과 염정공서가 정부의 어떤 조직이나 정당의 간섭을 받지 않고 독립적으로 공직자들의 비리를 조사할 수 있는 막강한 권한을 부여받았기 때문이다. 반면 대만의 염정서는 '법무부 산하 독립기구'라는 제도적 제약을 극복하지 못한 채 법무부에 예속된 기구에 머물고 있다. 또한 기존의 감찰원, 사법원 산하의 특별정사조(特別偵伺組), 법무부 산하에 조사국, 검찰서와의 업무중복이라는 지적을 받고 있다. 고위 공직자 비리 등을 포함한 '거악수사'의 대명사로 자리매김해온 법무부 조사국과 업무충돌이 잦다. 특히 국회의원, 판·검사, 중앙부처의 국장급, 군의 장군급 이상 고위공직자들의 부정부패사건을 수사해 유죄 판결을 이끌어 낸 실적이 전혀 없는 부분은 대만 염정서의 존재이유까지 의심해볼 만한 치명적 단점으로 우리가 반면교사로 삼아야 한다고 생각한다.

13.

행복지수 1위국
부탄의 공수처입니다

- 부패를 폭로하고 부패에 대항하는 행동은 모든 부탄 국민의 책임과 의무이다. -지그메 왕축 부탄 국왕 2005년 12월 31일 부패방지위(ACC)설치 기념식 축사에서

- 2020년 10월 17일 부탄 국왕은 데키페마를 신임 반부패위원회(ACC)위원장으로 임명했다. ACC위원장은 부탄 헌법에 따라 총리, 대법원장, 국회의장, 국가평의회장, 야당 지도자가 추천한 자 중에서 국왕이 임명한다. - 〈The Bhutanese〉[49] 2020.10.17.

가정맹어호(苛政猛於虎)

공자가 제자들과 태산 기슭을 넘어가다가 세 개의 무덤 앞에 슬피 울며 곡을 하고 있는 여인을 발견했다. 자로에게 그 이유를 물어보게 했다.

여인: 탐관들의 수탈을 참지 못하고 가족들과 이쪽 태산으로 거처를 옮겼으나 시아버님께서 몇 년 전 호환을 당하시더니 몇 달 전에는 남편이 호랑

---

[49] 부탄의 최대 대표 일간지 〈the bhutanese〉 https://thebhutanese.bt/ecb-acc-and-raa-get-new-heads/

이에게 해를 맞았으며 며칠 전에는 열아홉 살 난 장남이 나무를 하러 가다가 호랑이에게 물려 죽었습니다.

자로: 호랑이가 창궐하는데도 그러면 왜 이사를 하지 않으시는 것입니까?

여인: 그래도 이곳에는 가혹한 정치가 없기 때문입니다.

자로가 이를 스승에게 말하자 공자는 슬퍼하며 이렇게 말했다.

공자: 모두 잘 알았느냐? 이렇듯 가혹한 정치는 호랑이보다 무서운 것(가정맹어호 苛政猛於虎)이니라.

- 『예기 禮記 단궁편(檀弓篇)』

가정맹어호(苛政猛於虎)는 기득권층의 권력형 부정부패와 가혹한 세금을 비판할 때에 쓰는 한자성어다.

호랑이 밀집 서식 1위국 부탄이 국민행복지수 1위국이 된 비결은

지금 세계에서 면적대비 호랑이가 제일 많이 살고 있는 나라는 부탄이다. 즉, 부탄은 세계 호랑이 밀집 서식 1위 국가다. 호랑이는 동부 히말라야 부탄의 해발 3,630m~4,200m 숲에서 많이 살고 있다.[50] 또한 부탄의 대표 관광지는 호랑이 사원(Tiger's Nest)이다.

그런데 호랑이 밀집 서식 1위 국가 부탄은 국민행복지수(GNH) 세계 1위 국가를 겸하고 있다.

공자가 태산 근처에서 만난 시아버지, 남편, 장남을 호랑이 먹이로 보낸 불행한 여인과 달리, 부탄 국민은 세상에서 가장 행복한 국민이다. 이러한 상반된 행·불행의 갈림길은 과연 무엇일까?

---

50) Jigme, K. & Tharchen, L. (2012). "Camera-trap records of tigers at high altitudes in Bhutan". Cat News (56): 14-15.

흔히들 부탄이 세상에서 가장 행복한 나라가 된 비결은 풍광이 아름다운 히말라야 산록에서 사는 부탄 국민들이 무소유의 행복을 추구하며 불교를 믿고 안빈낙도의 삶을 살기 때문이라고 한다.

그러나 부탄과 이웃하며 히말라야에 위치한 불교 국가 네팔의 국민행복지수와 국가청렴지수는 부탄과 정반대라고 할 수 있다.

"세상을 바꾸고 싶은가? 그러면 우선 제도를 바꿔라!"가 필생의 지론인 제도개혁학파 필자는 부탄이 국민행복지수 1위국이 된 최대비결은 부탄의 공수처격, 반부패위원회(ACC; Anti-Corruption Commission) 존재, 그리고 그곳이 탁월하게 기능을 발휘한 덕분이라 본다.

국민이 행복한 나라, 국민행복지수 세계 1위국, 부탄은 2006년 기소권·수사권·조사권을 보유한 독립 공수처, 반부패위원회(ACC)를 창설하고 '지속 가능하고 공정한 사회 및 경제 발전'을 위한 반부패 정책을 제도화해 실천했다. 그 결과 부탄의 국가청렴도(CPI) 순위는 2008년 45위에서 2012년 33위, 2014년 30위, 2016년 37위, 2019년 25위로 해마다 상승을 거듭하고 있다. 반면, 부탄의 인접국이자 공수처가 없는 네팔의 CPI 순위는 2008년 121위, 2019년 CPI 순위 113위로 국가청렴지수 하위권에 계속 머물고 있다.

다음은 지그메 왕축 부탄 국왕 2005년 12월 31일 ACC 설치 기념식 축사의 요지다.

부탄의 공수처, 반부패위원회(ACC) 로고

"부탄의 급속한 경제 발전 속도로 인해 이기심의 영향을 받은 사람들의 생각에 변화가 있어 정부와 민간 부문 모두에서 부패 관행이 일어나고 있습니다. 이러한 추세를 막기 위한 적절한 조치가 지금 취해지지 않으면 미래에 매우 심각한 문제로 이어질 것입니다. 이는 인구가 매우 적은 이 나라에서 서 정부와 국민 모두에게 심각한 문제가 될 것입니다. 이와 관련하여 모든 부탄 국민은 부패를 폭로하고 부패에 대항하는 행동은 모든 부탄 국민의 책임과 의무입니다.

의회 민주주의를 수립 처음부터 부패를 억제하고 근절하는 것이 매우 중요합니다. 따라서 헌법 채택 이전에 반부패위원회(ACC)를 설치하고 ACC가 그 기능과 책임을 효과적으로 수행할 수 있는 강력한 기반을 구축하는 것이 필수적입니다."

ACC의 비전·사명·가치

비전

행복하고 조화롭고 부패 없는 사회를 만들기 위해 분투한다.(To strive towards building a happy, harmonious and corruption free society.)

사명

솔선수범하여 반부패를 선도한다. 탁월한 파트너십을 통해 성취한다. 국민의 성원으로 고위층 위주의 반부패전략을 이룩한다.

가치

리더십, 팀워크, 신뢰성, 성실성, 겸손, 투명성, 과감성, 공정성, 책임성, 전문성, 접근 편의성, 창의성, 목적 달성을 위한 끈기와 공감

왜 부패와 싸우는가

권력형 부패는 불평등과 불의를 낳고 부조화를 품고 국민행복지수(GNH)의 본질을 약화시킨다. 이는 국가의 민주주의, 안정 및 발전에 가장 큰 위협이 된다. 이것이 바로 부패가 척결되어야만 하는 이유다.(That is why corruption must be curtailed!)

인구 77만명 부탄의 공수처 정원 120명

ACC위원장은 부탄 헌법에 따라 총리, 대법원장, 국회의장, 국가평의회장, 야당지도자가 추천한 자 중에서 국왕이 임명한다. 인구 77만 명 부탄의 공수처 ACC의 정원은 위원장 포함 총 120명이다. 인구 5170만 명의 대한민국 공수처 총정원 85명(검사25명+수사관 20명+행정직원 20명)에 비할 수 없이 많은 인원이다.

ACC의 양대 부서는 조사부와 행정관리부다.

ACC의 핵심 부서인 조사부(정원 60명)에는 5개 조사과(각 10명), 행정지원과(10명)의 요원들이 근무하고 있다. 조사부의 업무는 부탄부패방지법 제25조 (1)(g)가 상세히 규정하고 있다.

"이 법의 제 4장에 따라 범죄 혐의, 의심되는 시도 또는 의심되는 예비음모를 수사·조사한다.
  조사부는 5개의 조사부(I ~ V)와 1개의 행정부서로 구성한다. 조사영역은 부문 별 주제별 중요도를 기반으로 한다. 조달, 토지 및 천연자원, 금융 및 비즈니스, 인적 자원 관리 및 개발, 사회 및 정치 영역으로 분류된다. 각 조사부는 해당 특정 분야의 관련 전문 지식, 지식 및 기술(주제 문제 전문가)을 갖춘 경험이 풍부한 한두 명의 수사관을 배치하고 예비로 일반 조사관이 이를 보조한다. 또한 필요에 따라 한 수사 영역에서 다른 수사 영역으로 팀을 동원할 수 있도록 분야별 접근 방식에 적절한 유연성을 가미해야 한다.

  일반 행정부(정원 59명)에는 총무과, 기술지원과, 법무과 3개과가 있다. 총무과 27명(정책기획팀 6, ICT 미디어팀 6, 인사팀3, 행정재무팀 13), 기술지원과 17명(포렌식분석팀7, 정보팀5, 감시장치팀5), 법무과 15명(법무관 6명, 법무보좌관 9명)으로 구성된다.
  일반 행정부서의 업무 역시 부탄부패방지법 제25조 (1)(f)가 자세히 규정하고 있다.
  일반 행정부서는 새로운 수사부 신입 직원을 채용하고 수사부서에 행정지원업무를 제공한다. 수사 및 관련 업무를 수행하는 데 필요한 지식, 기술,

경험을 제공하는 통합부서이다. 업무 배치는 승진 또는 석사 학위 취득 또는 업무성과에 따라 승진한다.

설명할 수 없는 부의 소유

ACC의 직무 범위는 2011년에 제정한, 〈부탄 부패 방지법(Anti-Corruption Act of Bhutan)〉 제4장에 따른 범죄를 구성하는 행위, -즉 뇌물 수수, 횡령, 권력과 영향력 거래, 권한 남용, 설명할 수 없는 부의 소유(Possession of unexplained wealth), 허위사실유포, 정보 유출, 특권 남용 및 자금세탁범죄-에 대한 광역 심층 조사 수사 기소권 행사이다.

ACC는 조사권·수사권·기소·무영장 체포압수수색권·자산동결조치 명령권을 보유하고 있다. ACC조사부가 실질적인 조사와 수사 기소권을 행사하고 ACC의 권한이 일반 법 집행기관보다 고위공직자 부패 관련 범죄에 관해 우선시되고 있다. ACC는 제보 내용에 대해 관련자 및 혐의자를 대상으로 직접 조사할 수 있으며, 필요시 금융계좌나 동산 부동산 등의 자산을 동결조치할 수 있어 부패 통제의 효과성이 크게 나타나고 있다.[51]

---

51) 부탄 반부패위원회 https://www.acc.org.bt/

14.
부패 고위층의 종결자, 우크라이나 반부패고등법원

중수청의 롤모델은 영국의 국가범죄수사청

윤석열 검찰총장이 중수청(중대범죄수사청)설치가 대한민국 법치주의의 심각한 훼손이라며 2021년 3월 4일 전격 사퇴했다.

중수청이란 무엇인가? 검찰이 담당하는 6대 범죄(부패범죄·경제범죄·공직자범죄·선거범죄·방위사업범죄·대형 참사 등 대통령령으로 정하는 범죄) 등 중대 범죄에 대한 수사를 전담하는 별도의 기관으로 정부와 더불어민주당이 설립을 추진하고 있다.

중수청 설립은 검찰의 수사권을 완전 폐지해 기소와 공소 유지만 하는 기관으로 만들겠다는 취지로 이뤄지는 것이다. 중수청의 신설은 영국의 사법제도를 롤모델로 하고 있다.

영국의 경우 경찰은 일반 형사 범죄를, 국가범죄 수사청(NCA ·National Crime Agency 2013년 설립)은 마약 범죄와 조직 범죄 등 광역 중대 범죄를 수사한다. 이 2개의 기관은 수사만을 담당한다. 기소는 법무장관 산하의 별도 기관인 기소청(CPS Crown Prosecution Serice 1985년 설립)

이 전담하고 있다. 한편 영국의 제1 공수처격인 중대 비리처(SFO Serious Fraud Office 1988년 설립)는 뇌물죄 등 부패사건을 수사 기소하고 제2공수처격인 검찰감찰처(CPSI Crown Prosecution Service Inspectorate)는 기소청의 부당기소를 비롯 여타 부패사건의 수사와 기소를 담당하고 있다.

그러나 검사와 법관 등 법조인과 고위공직자의 중대부패범죄를 중수청이 수사하고 기소처나 공수처가 기소하여 법원에 심판을 청구해보았자 법원이 무죄 선고해버리면 말짱 도루묵일 경우 어쩌면 좋을까?

이에 필자는 국내 최초로 우크라이나의 반부패고등법원(2019 설립)을 소개해 드릴 테니 우리나라도 이 제도의 취사장단을 파악, 창조적 도입을 검토할 것을 제안한다.

우크라이나 공수처 국가부패방지국(NABU)로고

우크라이나 반부패 기소청 SAPO로고

부패한 법원에 인질이 되어버린 우크라이나 공수처와 기소청

유럽 국가 중 러시아에 이어 두 번째로 넓은 영토 대국 우크라이나는 1991년 독립을 되찾은 이래 만연한 부패에 시달렸다. 2014년 혁명 이후 우크라이나는 반부패전담수사국인 국가부패방지국(National Anti-Corruption Bureau, 이하 'NABU'로 약칭)과 NABU 수사 사건의 기소를 전담하는 특별 반부패기소청(Specialized Anti-Corruption Prosecutor's Office 이하 'SAPO'로 약칭)을 설립_했다.

NABU와 SAPO의 설립은 우크라이나와 EU 사이의 비자 제한 완화를 위해 IMF와 EU가 요구한 전제조건이었다. NABU는 부패공직자와 재산가에 대한 수사권과 조사권, 무영장 압수수색권, 계좌추적권, 총기사용권, 긴급체포권뿐만 아니라 SAPO를 통한 기소권을 보유한 막강한 슈퍼공수처로 출범했다. NABU의 정원은 700명으로, 그중 수사 요원은 미국 FBI에 파견 전지훈련을 받았다.

그러나 NABU가 수사하고 SAPO가 기소하여 유죄 판결을 받아낸 고위 부패공무원은 거의 없다. 키에프 부시장과 전 국가안보 및 국방위원회 부차관과 그의 아들을 부패혐의로 체포, 법원에 기소하였으나 증거 불충분으로 무죄 판결을 받았다.

우크라이나 법원은 NABU와 SAPO가 수사 기소한 사건을 처리하는 데 전혀 적극적이지 않았다. 광활한 우크라이나 전국에 산재한 각지 법원들은 2015~2018년 4년간 기소된 수많은 부패 사건 중 33건만 재판을 열어 28건은 무죄를, 5건은 집행유예를 선고했다. 5건의 집행유예 판결마저 항소 법원은 무죄로 판결했다. 오히려 기득세력은 NABU와 SAPO의 요원과 검사에게 무고죄나 뇌물죄로 법원에 고소하여 유죄 판결을 받게 되는 경우가 비일비재하게 되었다.

우크라이나 공수처와 기소청은 부패한 법원에 인질이 되어버렸다.[52]

세계 최초의 우크라이나 반부패 고등법원

미국과 유럽연합(EU), 국제통화기금(IMF), 국제투명성기구(TI) 등 국제사회는 우크라이나에 반부패 특별법원 설립을 강력히 요구했다. 특히 미국은 우크라이나 주재 미국 대사관의 트위터를 통해서까지 우크라이나에 반부패 법원의 창설을 가속화 할 것을 촉구했다. 효율적이고 투명한 사법부를 요구하는 우크라이나 사회의 요청을 환영하며 반부패 법원의 필요성을 강조했다.[53]

우크라이나 의회는 2017년 12월 반부패 고등법원 설립 법안 초안을 심사한 후 2018년 6월 7일 수정 법안을 최종 통과시켰다. 2019년 4월 11일 세계 최초의 반부패 전담 법원인 반부패 고등법원(High Anti-Corruption Court, 이하 'HACC' 로 약칭))이 출범하였다.

우크라이나의 모든 부패 재판은 반부패 고등법원에 관할하게 되었으며 이의 항소는 반부패 고등법원내 별도의 항소심에서 재판한다.

39명의 반부패고법 판사(원심 판사 27명, 항소심 판사 12명)가 공개경쟁 채용방식을 통하여 임명되었다.

---

52) 우크라이나 국가부패방지국 우크라이나 위키 https://uk.wikipedia.org/wiki/Нац ональне антико рупц йне бюро Укра ни

53) 우크라이나 프라우다 뉴스 https://www.pravda.com.ua/news/2017/03/6/7137333 /US Embassy Kyiv (@USEmbassyKyiv) 2017년 3월 6일

반부패고법 판사의 자격요건 중 1건 이상의 요건에 해당하는 자가 지원할 수 있다.

- 5년 이상 판사 재직 경력자 • 법학사 학위 소지자로서 법률 분야의 7년 이상 연구경력자
- 7년 이상 변호사 경력자 • 상기 경력기간 합 7년 이상 경력자

부패 법조인과 고위공직자들의 진짜 저승사자 HACC

우크라이나 반부패고등법원(HACC)는 2019년 9월 12일 거액의 부패를 저지르고 오스트리아로 망명한 전직 대법관 빅토르 타트코프 야누코비치에 대한 궐석 재판을 개정했다.

HACC는 야누코비치 대법관이 범죄 조직을 방조하고, 사법기관의 활동을 방해하고, 자동화된 법원 문서 관리 시스템의 작업을 불법적으로 파괴했을 뿐만 아니라 뇌물을 수수하고 돈세탁을 한 혐의를 모두 유죄로 인정, 범죄인 야누코비치 전 대법관의 우크라이나 인도를 명령했다.

HACC는 2019년 10월 30일 첫 판결을 내렸다. 피고는 나디야 포션샤라는 이름의 현직 고등법원 판사, 나디야 고법 판사는 NABU와 SAPO에 의해 2015년 소득세 신고서를 제출하지 않는등 고의적 탈세혐의로 기소되었다. 그날 HACC는 피고 나디야 고법판사에게 우크라이나 형법 제366조 1항에 따라 51,000후리후냐(미화 약 2천 달러)의 벌금형을 부과하는 동시에 1년간 공직(선출직 공무원 제외)을 가질 권리를 박탈했다.

2020년 6월 15일 HACC는 우크라이나 수도 키에프시 시의회 간부의 5천 달러 뇌물공여죄를 인정 징역 6년과 재산몰수형을 병과했다.

우크라이나 반부패고등법원(HACC)은 출범 1년간 16건의 재판을 진행하여 15건의 유죄 판결을 내렸다. 6건은 실제 징역형에다가 벌금과 몰수가 병과된 중형이 선고되고 집행유예 판결은 단 3건뿐이다. 유죄 판결을 받은 피고는 현직 고등법원 판사, 전 에너지 및 연료 장관, 현직 키예프시 시의회 간부의원, 오뎃사시 전시장, 국영기업 투르카노프사 회장 등 우크라이나 고위 법조계, 정관재계 인사들이다. 이러한 우크라이나 반부패 고등법원의 괄목할 만한 실적은 고위층에겐 솜방망이, 서민층에겐 쇠방망이 판결을 일삼은 우크라이나 일반 법원의 그것과는 하늘과 땅 차이다.[54]

우크라이나 반부패고등법원 HACC 벽에 걸린 간판

국제투명성기구 우크라이나 지부, 반부패고등법원의 설립을 환영

---

54) 우크라이나 반부패고등법원 유튜브 Канал Вищий антикорупц йний суд Укра ни на сайт YouTube

슬로바키아의 반부패 특별법원

슬로바키아, 불가리아, 세르비아, 인도네시아, 필리핀에도 반부패 특별법원이 있다. 그러나 그것들은 우크라이나의 HACC처럼 고등법원이 아닌 일반 기층법원의 특별법원 형태로 실제 부패방지 제도 장치로서의 제 기능을 수행하지 못하고 있다. 하지만 그 가운데서도 슬로바키아의 특별형사재판소가 비교적 양호한 실적을 발휘하고 있다. 2003년 슬로바키아(의)는 부패 및 조직범죄 사건을 위한 특별형사재판소(SCC)로 이름을 변경한 특별법원을 설립했다. SCC는 범죄 네트워크와 지역 부패 지배층에 의한 일반 하급 법원의 지배에 대한 대응이었다. SCC 판사에 대한 높은 보상으로 인해 사법기관으로부터 상당한 비판을 받았다. 2009년 슬로바키아 대법원은 SCC가 위헌이라고 판결했으나 슬로바키아 의회는 새로운 법률을 제정, 신속히 대응했다. 이러한 정치적 및 헌법적 도전에서 살아남은 SCC는 조직범죄와 지역수준의 부패 사건을 다루는 데 효과적이었으나 국가 엘리트를 포함한 고위급 부패에 대한 유죄 판결을 거의 내놓지 않았다. 이에 대해 슬로바키아 시민들은 SCC 자체가 아닌 부패고위공직자들에 기소를 게을리하는 검찰에 대해 비난을 하고 있다. 슬로바키아 특별형사재판소(SCC)의 가장 중요한 실패 원인은 고위공직자 범죄의 수사와 기소를 전담하는 공수처가 없기 때문이다.[55]

---

55) Specialised anti-corruption courts : Slovakia Background and key features -Matthew Stephenson 하바드대 법학교수 2016논문 참조

15.

미국의 6대 반부패기관(헥사곤)

• 부패는 헌법이 보장한 자유가 병들었다는 가장 확실한 증상이다. -J.F.케네디

미국 6대 반부패기관 육각형 모양 헥사곤

펜타곤(Pentagon), 미국의 국방부를 달리 이르는 말이다. 국방부 청사가 오각형으로 생겼다고 하여서 붙은 이름이다.

미국의 6대 반부패기관을 살펴보다 보면 필자의 머릿속에는 6개 기관들이 상호 분업과 협업, 분립과 연립, 견제와 균형을 이뤄낸 육각형 구조의 거대한 '공수처'가 떠오른다.

펜타곤에 대응하여 필자는 부패방지와 척결의 유기적·중층적 기능을 보유한 미국 6대 반부패기관의 일체를 일컬어 '헥사곤(hexagon 육각형)'으로 명명하고자 한다. 아래를 일견해보면 독자 여러분도 필자의 작명 솜씨에 고개를 반쯤 끄덕일 것이다.

부패는 제도의 문제다. 성숙한 시민 의식의 토양 위에 합리적이고 정교하게 직조된 부패 방지 제도는 부패가 발붙이기 어려운 사회를 위한 출발점이다.

세계 각국의 반부패 제도는 집중적 반부패기관 모델과 다중기관모델로 대별된다. 전자는 싱가포르의 탐오조사국을 비롯한 세계 56개 국가와 지역에서 채택하고 있다.

후자는 미국과 독일 등에서 채택하고 있다.

미국의 반부패 조직은 특정 부서가 독자적으로 반부패정책을 수행하는 것이 아니라 견제와 균형의 원리에 따라서 중층적·다각적으로 수행하고 있다. 미국은 1970년대 워터게이트와 록히드 사건을 겪으면서 〈정부윤리법〉, 〈윤리개혁법〉, 〈정직한 리더십과 정부공개법〉, 〈해외부패방지법〉 등을 제정하고 다음과 같은 6대 반부패기관을 구축했다.

① 특별심사처(Office of Special Counsel: OSC)

② 공직자 윤리처(Office of Goernment Ethics OGE)

③ 법무부 감찰국 (Offce of Inspector General: OIG)

④ 진실과 효율 대통령위원회 President's Council on Integrity and Efficiency:PCIE),

⑤ 연방수사국(Federal Bureau of Inestigation, FBI)

⑥ 국세청 범죄수사국(Criminal Inestigation Diision of Internal Reenue Serice, CI-IRS)

1) 특별심사처

특별심사처(OSC)는 수사와 기소를 위한 독립적 연방기관이다.[56] 특별심사처는 검찰과 같이 강력한 집행력을 보유하고 있다.

특별심사처는 1978년 공무원 복무개혁법(Ciil Serice Reform Act)에 따라 설치되었다. 특별심사처의 권한은 공무원개혁법과 내부고발자보호법(Whistle blower Protection Act), 해치법(Hatch Act)으로부터 나온다. 특별심사처 처장은 상원의 제청과 인준을 거쳐 대통령이 임명하며 5년 단임을 원칙으로 한다. 처장 아래 3인의 부처장, 그리고 수사과·감찰과·기획과·관리과 4개과로 구성된다. 수도 워싱턴DC에 소재하며 2016년 말 현재 126명의 직원이 근무하고 있다.[57] 특별심사처의 주요 업무는 ①내부고발 공무원에 대한 보상 및 보호 ② 내부고발의 접수·조사·수사 및 기소 ③ 내부

---

56) 미국특별심사처 https://osc.go/
57) https://osc.go/Pages/Engagement.aspx

고발 통로의 보장 ④공무원의 정치활동에 대한 법적 허용기준의 제공 및 교육 ⑤공무원의 내부고발권 등 직무상 권리에 관한 교육 ⑥ 군복무자의 공무원 재취업 및 재고용권 보장업무 등이다.

특별심사처는 공직자의 비위에 관한 조사는 물론 시정조치 및 관련자에 대한 징계조치를 권고하고 형사기소까지 할 수 있다는 점에서 고위공직자의 부패행위에 대한 독립적 수사권과 기소권을 지닌 우리나라 공수처와 가장 유사한 기관이라고 할 수 있다.

2) 정부윤리처

정부윤리처(OGE)는 1978년 정부윤리법(Ethisc in Goernment Act of 1978)에 의하여 설립되었다.[58] 원래 인사관리처의 일부였으나, 1988년 재권한법(Reauthorizatin Act)에 의해서 독립된 부처가 되었다. 정부윤리처 처장의 임기는 5년이며 상원 동의를 받아 대통령이 임명한다. 정부윤리처는 총 5개의 조직으로 구성되어 있다. 정부윤리처장실, 위원장과 및 법률정책실, 프로그램자문실, 행정국, 정보자원관리국이다. 뉴욕에 본부가 위치하며 2017년 현재 600여 명이 근무하고 있다.

정부윤리처의 업무 영역은 모든 미연방 행정기관의 임무 수행과 정부운영기업 독립기구 등이 포함된다. 정부윤리처는 공직자윤리전담 부서로 공무원 윤리프로그램 제공 및 각 정부 프로그램 관리 및 확인 등이 주 업무다.

정부윤리처는 정무직 공무원의 재산 공개 윤리 관련 교육 훈련 지도와 해석 감독 등의 업무를 담당한다. 행정부의 윤리프로그램이 관계법령에 적합

---

58) 미국정부윤리처 https://www.oge.go/

한지 여부 등을 점검한다. 그 외에도 정부윤리처는 관계법령 위반사항에 기소와 소청에 대한 조언자로서의 역할도 한다. 또한 각 기관의 시정명령을 내릴 권한이 부여되어 있으며, 특별한 상황하에서는 개인에 대한 징계 처분을 요구하기도 한다. 그러나 정부윤리처는 특별심사처와 달리 수사권과 기소권이 없다. 따라서 정부윤리처는 최고위층의 이해 상충을 통제할 수단을 갖지 못하고 있는 단점이 있다.[59]

3) 연방수사국

미 연방수사국(FBI)은 미국 법무부 산하의 수사 기관이자 정보기관으로서, 범죄 수사와 미국 내의 정보 수집 업무를 담당하고 있다.[60] 1908년에 법무부 검찰국(Bureau of Inestigation)으로 발족하였으며 1935년 연방 수사국 (FBI)으로 개칭되었다. FBI 국장은 대통령이 임명하며 1972년부터 상원의 청문회를 거쳐서 임명된다. 1976년 이후 사망, 해임, 퇴임하지 않는 이상 FBI 국장의 임기는 10년이다. 워싱턴 D.C.에 FBI 본부가 있고 2014년 8월 현재 35,104명의 요원이 재직하고 있다.[61] 국내 정보 수집 기관이지만, 범죄의 국제화에 대비해 전 세계적으로 지부를 두고 있으며, 현재 우리나라에도 지부가 있다. FBI는 법무장관의 지휘·감독을 받는 체제로 되어 있고 FBI는 미 헌법과 연방법이 부여하는 200여 가지의 영역에 걸친 관할권(jurisdiction)을 가지고 있다. 특히 연방공무원의 뇌물 수수행위

---

59) "미국 국가청렴도 순위 22위…트럼프 둘러싼 잡음 탓"[연합뉴스] 2019.01.29.
60) 미국연방수사국 https://www.fbi.go/
61) https://en.wikipedia.org/wiki/FederalBureauofInestigation

(Bribery)와 모든 단계의 부정부패수사권(Combat public corruption at all leels)은 FBI의 주요 권한이다. FBI는 공직 부패를 국가안보와 삶의 양식을 가장 근본적으로 위협할 수 있는 범죄로 보고 있다. 즉 공직 부패는 국가의 국경의 안보와 우리의 이웃을 보호하는 데 큰 위험을 줄 수 있으며, 국가의 공무와 학교 그리고 도로와 같은 SOC시설의 질을 떨어뜨릴 수 있는 범죄로 간주한다. FBI는 이러한 공직 부패를 척결하기 위해 기술과 능력을 갖춘 전담 요원들이 비밀리에 수사를 실시하고 있다.

FBI는 수사권만 가지고 기소권은 없으므로 연방검찰이나 주검찰의 협조 하에 기소한다. 연방검찰도 FBI에게 수사를 요구하거나 지휘할 권한은 없다.

4) 법무부 감찰국

법무부 감찰국(OIG)은 정부윤리법에 의해 설립된 조직이다. 감찰국장은 대통령이 상원의 동의를 받아 임명하고 임기는 없다. 법무부 장관의 지휘감독하에 있지만 업무 수행에 있어서도 독립성을 보장하고 있다.[62] 본부는 워싱턴D.C에 있고 근무인원은 미상이다.

법무부장관의 부당한 간섭, 비협조 등에 대한 견제를 위하여 의회가 법무부 감찰국 업무에 관여할 수 있도록 감독 및 보고 요구권한을 부여하고, 감찰국 직원의 임면은 국장의 전권으로 법무부 장관의 독립된 인사권을 행사하며 의회 및 여론에 의해 강력하게 보호받고 있다.

감찰국은 사법기관과 감사기관의 성격을 모두 가지고 있다. 법무부 감찰국의 조사권은 정보의 수집, 고발의 접수, 특정자료의 열람권, 명령장을 이

---

62) 미국 법무부 감찰국 https://www.oig.justice.go

용한 강제조사 및 체포 압수 수색 등 기소전단계의 조사를 망라하고 있으며 조사의 인적 대상에도 제한을 두지 않고 있다. 감찰국은 소속 공무원이나 시민으로부터 고발 또는 정보를 접수하고 조사할 수 있다. 다만 조사 과정에서 연방형사법규의 위반이 있다고 믿을 만한 합리적 이유가 있는 경우에는 기소 업무를 담당하는 연방검찰과 기소 전 단계에서부터 관련 정보를 공유하기 위해서이다.[63]

5) 진실과 능률 대통령위원회

1981년 행정부의 부정방지 및 적발을 위한 대책 수립 등을 위하여 대통령령으로 '진실과 능률 대통령위원회(PCIE)'를 설치하였다.[64] PCIE는 상술한 특별심사처(OSC), 정부윤리처(OIG), 연방수사국(FBI), 법무부감찰국(ORG) 노동부 국방부 등 다양한 조직으로 구성된다. PCIE의 장은 대통령이 지명한다. PCIE는 부처 간, 각 기관 사이의 연계된 반부패기관으로서 그 영향력이 강력하다.

기존 부서의 구성원들이 위원이 되는 위원회 조직이고 특별한 법적 근거 없이 행정명령인 대통령령으로 설치되었다는 특징이 있다. PCIE는 정부의 광범한 뇌물, 낭비, 권한 남용의 문제를 효과적이고 능률적으로 다루기 위해 부처 간, 각 기관 사이의 회계검사, 수사, 조사, 프로젝트를 담당한다. 상설 소위원회 활동과 세미나 워크샵 등을 통해 부처 상호간 부패방지대책을 협의하는 것을 주요기능으로 하고 있다.

---

63) 나채준 『미국의 공직자 부패행위에 관한 비교법적 연구』 한국법제연구원 2015,69-79쪽
64) 미국 진실과 능률 대통령 위원회 https://www.ignet.go/

PCIE에는 회계, 조사 평가 통합 수사 입법 전문성 발전 행정위원회가 있다. PCIE는 취약 분야에 대한 부정부패방지 대책의 수립과 국가 전체의 비능률 제거를 위한 지속적인 개선책도 마련한다. 특히 정보화시대에 들어서면서 컴퓨터 관련 비리와 범죄가 급증하고 있어 이를 방지하기 위한 제도를 개선하는 데 많은 성과를 거두고 있다.

6) 국세청 범죄수사국

국세청 범죄수사국(IRC-CI)는 세금 시스템에 대한 신뢰를 높이고 조세포탈 행위를 방지하기 위해 1919년 미연방 재무부 산하기관으로 설립했다. 미국 국세법 및 은행비밀법 관련 금융 범죄와 잠재적 범죄 위반을 조사 수사하고 기소한다.

2017년 6월 기준 3,124명 직원(2217명 특수요원)은 미국과 전세계 세금, 자금세탁, 정부 공공부패 및 은행 비밀법 관련 범죄 사건을 기소·조사·수사를 지원하는 업무를 맡고 있다.[65] 국세청 범죄수사국은 법무부, 국토안보부, FBI, 마약수사국(DEA), 그리고 연방보안관등 연방정부와 주정부, 지방정부와 긴밀히 공조하여 연방 차원(의)에서 탈세범의 검거와 체포를 담당한다.[66] 1919년 창립부터 2018년까지 100년 연속 기소에 대한 유죄 판결률 90% 이상을 유지하는 등 국세청 범죄수사국은 1930년대 알 카포네 소득 탈세 수사부터 2015년 전하원의장 데니스 해스터트(Dennis Hastert)를 은행법 위반으로 기소하는 등 미국의 부패를 척결하는 데 가장 큰 기여를 해온 기관으로 평가받고 있다.

---

65) https://en.wikipedia.org/wiki/IRSCriminalInestigationDiision
66) 중국 국세청 범죄수사국 특수요원은 권총은 물론 자동화기도 보유하고 있다.

16.
중국, 부패척결 총사령부 중기위

• 부패만이 중국을 망국의 길로 이르게 할 수 있다. -시진핑 국가주석

1) 만리장성의 성문이 저절로 열린 까닭은

만리장성은 만리장벽이다. 성을 쌓은 주된 목적이 적의 침입을 막기 위한 방어벽이었다면 만리장성은 사실상 만리장벽이 아니겠는가. 만리장성의 제1의 존재 의의는 국방이었다. 하지만 만리장성은 단 한 차례도 제구실을 한 적이 없었다. 진시황, 한무제, 수양제, 명태조 등 역대 황제의 심혈과 기대에 조금도 부응하지 못하고 번번이 뚫리고 말았다. 왜 그랬을까?

기실 성 밖의 외적들은 고생스럽게 높은 장벽을 타고 넘을 필요도 없었다. 화살에다 성 안의 지휘관에게 보내는 서찰과 금은보화를 매달아 장벽 안으로 한두 번 쏘아주면 '열려라 참깨!'라고 외치지도 않았는데 성문은 21세기 첨단 자동문처럼 스르르 저절로 열리곤 하였다. 이런 귀신도 곡할 신비 현상은 자연과학적 미스터리가 아닌, 사회과학적 미스터리에 해당되겠다.

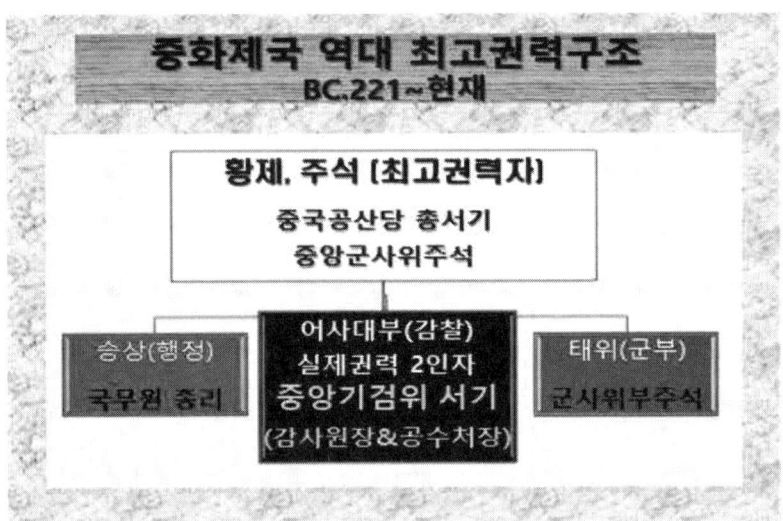

고위층의 부정부패로 군대가 사기를 잃고 정부가 민심을 잃었을 때는 아무리 튼튼한 천혜의 요새라도, 아무리 굳건한 만리장성이라도 소용이 없다는 진리를 역사가 누누이 증언해주고 있다. 그렇다. 반만년 중국사의 강물 굽이굽이에는 부정부패라는 이름의 폭포가 있다. 기원전 3000년경 하(夏)나라 시대부터 기원후 20세기 전반기 국민당의 중화민국까지의 시대별, 왕조별 마감 근처에는 반드시 부정부패의 거센 물살에 겨워 깊게 급전직하하는 폭포가 있다. 그게 제국이든 공화국이든 예외가 없다. 부패 삼매경에 빠진 권력층은 백성이 초근목피도 없어 마침내 자기 자식까지 바꿔 잡아먹든 말든 "밥이 없으면 고기를 먹지, 머저리들"이라는 식으로 응대하다가 자신도 국가도 모두 파멸의 천길 폭포수 아래로 떨어져갔다.

청나라 건륭제 시대의 태감(太監: 환관의 우두머리) 화신(和珅)은 매일 은

1만 냥짜리 환약을 복용했다. 당시 지방의 한 탐관오리가 낙타의 육봉 요리 한 접시를 만들기 위해 10마리의 낙타를 잡았다고 동네방네 떠들고 다닌 지 100년도 못 되어 대청제국은 망했다. 공산당에 비해 월등한 군사력을 지녔던 중화민국이 대륙의 250분의 1도 안 되는 대만 섬으로 패퇴한 원인도 군 작전능력 저하가 아니라 고위층의 부패였다.

비단 중국만이 아니다. 동서고금을 막론하고 99%의 민초들 때문에 망한 나라는 없다. 언제 어디서나 망국의 공통분모는 1% 고위층의 부정부패였다. 국가의 흥망성쇠는 고위층의 부패 방지를 위한 제도적 장치의 작동 상태에 따라 달렸다고 해도 과언이 아니다.

"영웅은 천하를 제패하고 제도는 강산을 안정시킨다(英雄打天下, 制度定江山)."

예나 지금이나 중국의 권력자들은 법제를 부국강병과 체제 안정의 가장 유효한 도구로 간주했다. 그들은 이공계의 발명품이나 예술계의 창작품처럼 법제를 창조해내길 즐겼다. 이를테면 서양보다 1200년이나 앞선 공무원 공개 경쟁시험 제도인 과거제나 서양보다 400~500년 앞선 지폐와 수표·어음제도가 있다. 감찰기관의 수장이 총리급인 감찰제도 역시 중국이 세계 최초로 창립했다. 진시황은 기원전 221년 천하를 통일하자, 행정은 승상(丞相), 감찰은 어사대부(御使大夫), 군부는 태위(太衛, 비상설기관)에게 분담 통치하는 3정승제를 만들어냈다. 당·송·원·명·청나라까지 명칭과 형식은 조금씩 변화했지만 이후 한·수도 대체로 진나라의 정승급 감찰기관 제도를 존속시켜왔다.

이념과 체제를 떠나 세계 15억 중국인이 국부(國父)로 떠받드는 쑨원(孫文)도 서양 각국에서 실행되고 있는 입법권, 행정권, 사법권의 삼권분립의 장점을 채택하되 결점을 보완해, 감찰권과 고시권을 독립하는 오권분립의 권력체계를 창조했다. 지금도 대만에서는 총리급을 수장으로 하는 감찰원이 공공부문에 대한 감사 및 규찰, 탄핵, 징계를 담당하고 있다.

마오쩌둥은 1949년 10월 1일 중화인민공화국을 창업하면서 자신의 필생의 롤모델이자 역사적 멘토인 진시황을 벤치마킹했다. 마오는 진시황처럼 당권과 군권은 자신이 직접 장악하고, 자신의 양팔인 저우언라이(周恩來)와 주더(朱德)를 각각 승상격인 총리로, 어사대부격인 당중앙기율검사위원회[67](이하 '중기위'로 약칭) 서기로 임명했다.

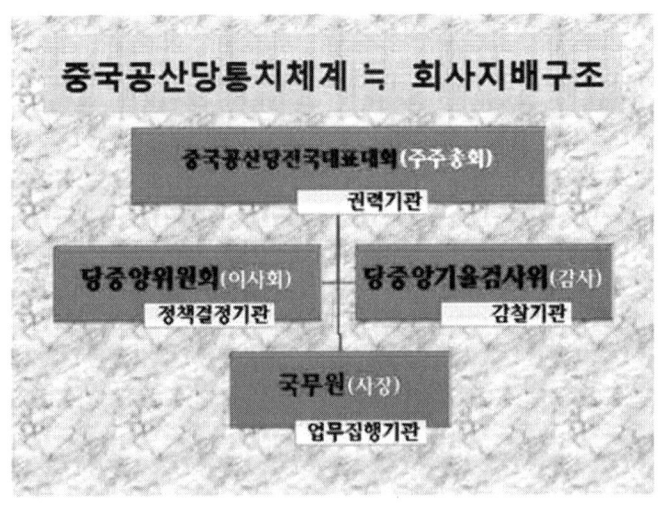

---

67) 중국 공산당 기율검사위원회 http://www.ccdi.go.cn/

현직 자오러지(趙樂際, 1957~, 시진핑 주석의 동향 친신, 사실상 권력2인자)를 비롯해 역대 중앙중기위 서기는 모두 중국 최고 핵심 권력층인 정치국상무위원(총리급)이 맡아왔다. 반면에 역대 중앙정법위서기는 무기징역형을 선고 받아 복역 중인 저우용캉(周永康)을 제외하고는 정치국위원(부총리급)이 맡아왔다.

지금 베이징 북역 인근 대로상에 위치한 백색 고층 대형빌딩은 중국의 탐관오리에게는 이승의 염왕전이다. 거기에는 1,000여 명의 중앙 중기위 요원이 근무하고 있다(여성 요원 약 250명). 중기위는 중앙과 지방의 모든 당·정·군 조직뿐만 아니라 언론기관, 대형 국유기업체에 심어놓은 약 45만 명의 저승사자가 종적·횡적, 정시·수시 감독 감찰업무를 수행하고 있다.[68]

2) 중국 공산당 조직구조 ≒ 회사 지배구조

중국은 공산당 전국 대표대회에서 '정책결정기관(당중앙위원회)-집행기관(국무원)-감찰기관(중기위)'을 선출한다. 이러한 통치 권력체계는 삼권분립(입법-행정-사법)의 구조라기보다는 회사의 지배구조(기획-집행-감사)와 흡사하다고 평가된다. 회사의 감사가 이사와 사장 등 고위관리자에 대하여 직무감사와 재무감사를 하는 것과 유사하게 중기위가 당과 정부의 고위직 인사에 대한 당 기율 위반행위와 부패행위를 감찰한다. 중기위는 공안부(경찰청), 최고인민법원, 최고인민검찰원, 사법부(법무부), 국가안전부(이상 당서열 순) 등 5대 국가 사법기관을 영도하는 당중앙 정법위원회(약칭 정법위)를 지

---

68) 강효백, 『중국 통째로 바로 알기』, 이담북스, 2018, 36쪽

휘·감독한다. 즉, 사법권 대비 감찰권 우위 체제의 중국 권력구조 환경에서 중기위는 강력한 사정·감찰권을 행사해왔다. 중기위는 15억 중국인의 엘리트 9,000만 중국공산당 당원들의 직무와 관련된 범죄를 감독하는 기관으로 당이 국가를 영도하는 중국에서 막강한 권력을 갖고 있다.

그러나 위와 같은 중기위의 설립과 권한의 법적 근거는 너무나 빈약하다. 실제로 헌법과 법률 어디에서도 그 근거를 찾을 수 없다. 또한 중기위는 공산당원만 감찰할 수 있다. 시진핑 정권에서는 중국 공산당 당장과 당규가 헌법과 법률을 대체하기에 법으로서의 자격이나 안정성, 투명성, 공개성 등의 면에서 취약하고, 최고 권력자가 언제든지 바꿀 수 있다는 점이 약점으로 지적되어 왔다.[69]

이에 2018년 3월 21일 시진핑 헌법(제5차 개정헌법)은 기존에 반부패개혁을 총괄하여온 공산당 내 감찰기관을 헌법기관으로 승격하였다. 즉, 헌법상 국가 최고 감찰기관으로서 '국가감찰위원회'(國家監察委員會, 헌법 제3장 제7절 제123조~제127조)를 신설하였다. 당 내부 사정·감찰기관인 중기위와 별도로 국가 사정·감찰기관인 감찰위원회를 헌법상 국가감찰기관으로 도입하였다는 점에서 그 의의가 있다. 중국은 감찰위원회의 신설을 통하여 비당원 공직자도 감찰할 수 있게 함으로써 종전보다 강도 높게 반부패개혁을 추진할 수 있을 것으로 기대된다.

---

69) 강효백, "견제 없는 중국 공산당이 무너지지 않는 이유는 『중앙일보』, 「차이나 인사이트」, 2016년 10월 15일.

3) 중기위 휘하의 반부패 제도장치

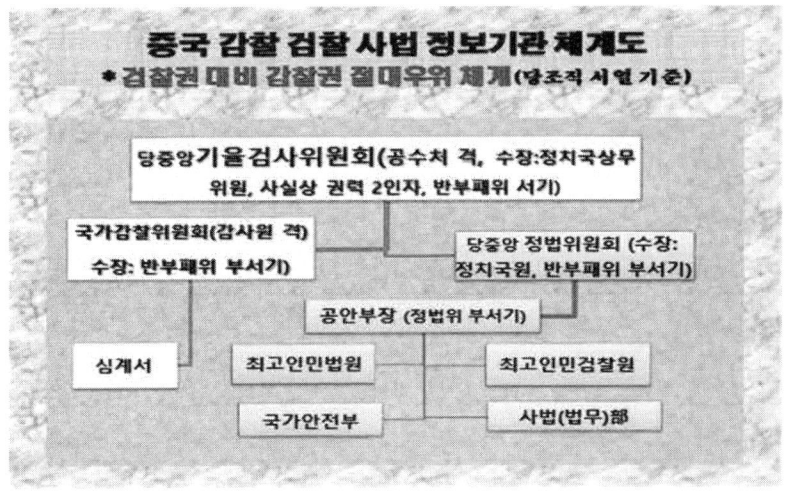

(1) 국가감찰위원회[70]

2018년 3월 「중화인민공화국감찰법」에 따라 국무원 소속 감찰부를 독립 국가감찰기관으로 승격시켰다. 국가감찰위원회는 중국공산당 기관, 인민대표대회 및 상무위원회 기관, 정부, 감찰위원회, 인민법원, 인민검찰원, 정치협상회의 각급 위원회 기관, 민주당파, 심계기관, 상공단체에 근무하는 공무원 등 '공무원법'을 적용받는 공직자들과 공공사무를 위탁관리하는 조직에서 공무를 집행하는 사람, 국유기업 관리자, 공립교육, 연구기관, 문화체육기관, 의료기관의 관리자, 기층의 군중성 자치조직의 관리자, 기타 공직을 이행하는 자를 감독하고 조사 및 처벌할 수 있는 권한을 갖고 있다. 감찰법에 따라 전국감찰위원회 주임은 전국인민대표대회에서 선출되고, 임기는 전국인민대표대회와 같으며, 한 번 연임이 가능하다.

---

70) 중국공산당 기율검사위원회 http://www.ccdi.go.cn/

국가감찰위원회는 최고 감찰기관으로 감독, 조사, 처벌 기능을 갖는다. '감찰법'에 따라 감찰기관은 주로 다음과 같은 기능을 갖는다. ① 공직자들에 대하여 청렴교육을 진행하고, 법에 따라 업무를 진행하고 권력을 행사했는지 여부, 정치활동과 업무에서 청렴했는지 여부에 대하여 감독 및 조사한다. ② 횡령과 뇌물 수수, 직권 남용, 직무 유기, 권력의 지대 추구, 사리사욕을 채우기 위한 권력 남용과 같은 직무 범죄를 조사한다. ③ 불법을 저지른 공직자들에 대하여 법에 따라 정부 처분을 할 수 있고, 직무유기나 책임을 다하지 않은 공직자들을 문책하고, 이 행위가 범죄에 해당할 경우 인민검찰원에 송치하여 공소를 제기하게끔 하고 감찰대상 소속기관에 감찰을 지시한다.

(2) 인민검찰원[71]

인민검찰원(人民檢察院)은 공안기관(경찰)이 수사한 사건에 대하여 구속, 기소 또는 불기소 처리할 것인지 여부를 결정하는 공소제기를 주 업무로 한다. 공무원의 직무상의 범죄 또는 직권을 이용한 범죄를 범할 경우 범죄사실을 심사한다. 2018년 2월 정부조직법 개편에서 국가 감찰위원회를 신설하면서 최고 인민검찰원의 반탐오뇌물수수총국을 국가감찰위원회로 이전하였다. 이 개혁을 통해 직무와 관련된 범죄 수사 기능을 모두 기율 감찰기관으로 이전하여 반부패와 관련된 검찰원의 인력이 대폭 약화되었다.

(3) 심계서[72]

심계서(審計署)는 국무원에 속한 26개 부서 중 하나이다. 반부패 과정에서

---

71) 중국 검찰원 http://www.spp.go.cn/
72) 중국 심계서 http://www.audit.go.cn/

심계서는 중요한 물증인 회계 심사 자료를 제공하는 중요한 역할을 한다. 우선, 회계감사 대상에는 지방 각급 당위, 정부, 사법기관, 각급 당정기관의 업무부서, 사업단위, 사회단체 등에 있는 당위의 영도간부, 가도판사처와 같이 정부 기능을 수행하는 기관의 주요 간부, 정부가 설립한 특구 등의 주요 영도간부, 정부가 설립하고 1년 이상이 된 독립적인 활동을 하는 임시기관의 주요 간부 등이 포함된다.

(4) 국가안전부

중국의 정보기관인 국가안전부(國家安全部)[73]는 정말 '음지에서 일하며 양지를 지향하는 것'인지 그 지위와 권력이 의외로 낮다. 국가안전부는 중국의 오너 격인 공산당 소속이 아니라 청지기 격인 국무원 소속으로 돼 있다. 역대 국가안전부장의 당 직급이 25개 각 부·위원회 수장 중 제일 낮다. 소련의 KGB나 동독의 슈타지, 북한의 국가안전보위부 등 여타 공산주의 국가들의 그것들에 비해 존재감이 크게 떨어진다.

실제로 중국 국가안전부는 대만 관련 업무와 반체제 인사, 분리주의자 등과 연관된 정보 수집과 단속에만 집중하고 있는 것으로 파악된다. 정보기관에 고위 공직자의 사찰을 맡기면 부패가 근절되기는커녕 오히려 부패를 조장하는 등 국기(國紀) 문란의 엄청난 폐단만 초래한다는 사실을 일찌감치 깨달은 탓으로 보인다. 이는 동창(東廠)과 서창(西廠) 등 특무기관이 횡행하며 명(明)나라의 멸망을 재촉했던 역사에서 배운 교훈 덕분으로 추론된다.

G2시대 중국 질주 비결은 캠페인이나 미봉책에 그치지 않고 정책을 구체

---

73) 중국 국가안전부 https://www.66law.cn/laws/424382.aspx

적으로 법제화해 강력히 실행한 데 있다. 악명 높던 부정부패 제국, 중국이 망하지 않고 무한 질주하는 비결은 중국판 공수처, 중앙기율검사위원회 등 제도 장치를 주축으로 지난 15년 동안 차관급 이상 비리 고위공직자 91명(장군 10명 포함)을 무기징역, 사형에 처했기 때문이다.[74]

3대 권력기관인 감찰기관과 사법기관, 정보기관에 각각 공직자 부패, 민형사 업무, 정보 업무를 맡겨 전담케 하는 통치 시스템은 우리도 참조할 점이 있다. 특히 고위 비리공직자 척결에 대한 중국의 법제와 그 실천은 권력형 부정부패의 임계점에 다다른 우리에게 시사하는 바가 크다.

---

74) 十大死刑貪官的最后丑态sohu.com/a/139917954680567

17.
한국의 글로벌 부패지표, 빛과 그림자

한국의 국가청렴도 상승, 문재인 정권의 빛나는 업적

국제투명성기구(TI, Transparency International)가 지난 1월 28일 2020년도 국가별 국가청렴도(CPI, Corruption Perceptions Index, 이하 'CPI')를 발표했다.

우리나라는 100점 만점에 61점, 180개국 중 33위를 차지하며 역대 최고 점수를 기록했다.

지난 박근혜 정권 시절 2016년 52위이던 것이 문재인 정부 2017년 51위, 2018년 45위, 2019년 39위를 기록한 데 이어, 이번에 33위로 4년 연속 껑충껑충 뛰어오른 쾌거다.

국제투명성기구는 한국의 국가청렴도 향상을 현저한 변화(significant changes)로 명시하고 고위공직자범죄수사처(공수처)설치 등 사법제도 개혁이 부패 퇴치에 효과적이라는 것이 입증된 사례로 꼽았다. 결과의 상승 요인은 공수처 설치를 비롯한 문재인 정부의 반부패개혁 의지와 실천이다.

K-방역 성과, '청탁 금지법'의 정착 등 반부패 관련 법·제도 기반 강화와 채용비리 근절·공공재정 누수 방지·유치원 3법 개정 등 범정부 차원의 반부패 개혁 노력이 영향을 미친 것으로 보인다. 국가 청렴도 상승은 문재인 정권의 최대 업적의 하나로 자리매김할 것이 확실시된다.

하지만 이번 평가 결과에 안주하는 것은 금물이다. 더욱더 청렴하고 투명한 국가·사회를 만들기 위해서는 끊임없는 성찰과 개선, 주마가편이 필요하다고 생각한다. 이런 의미에서 필자는 국제투명성기구 한국지부가 공개한 2020년 한국의 글로벌 부패지표(GCB) 조사결과를 소개하고자 한다.

한국의 글로벌 부패지표, 아직도 짙게 드리운 그림자

글로벌 부패지표(GCB)는 국제투명성기구가 실시하는 부패 조사로서 고위 경영자와 전문가가 조사한 데이터를 기반으로 하는 부패지수(CPI)와 달리 각 국가의 일반 시민을 대상으로 한다.

국제투명성기구는 2020년 6월부터 7월까지 한국, 일본, 중국, 대만, 인도, 인도네시아, 태국, 몽골, 필리핀, 미얀마, 말레이시아, 네팔, 방글라데시, 캄보디아 등 아시아 14개국에 대해 GCB 설문조사를 했다. 한국 설문조사는 10,799명을 대상으로 실시되었으며 1,000명의 유효한 응답자를 분석했다. 주요 조사 방법은 ARS 자동응답 인터뷰였으며 유선 전화와 무선 전화가 모두 사용되었다. 인구 구성에 따라 조사 대상은 계층화된 추출 방법으로 수집하였다. 조사결과는 항목 가중치를 다르게 하였다. 다음은 한국 GCB 설문조사 결과 10대 요약이다.

1) 한국인은 최근 한국의 부패 수준이 많이 개선되고 있다고 생각한다.

다른 나라에 비교해 한국인들은 최근 한국의 부패 수준이 많이 개선되고 있다고 생각한다.

자국에서 부패가 줄었다고 답한 응답자의 비율은 한국 40.6%, 일본 6.3%, 대만 21.9%, OECD 평균은 9%로 한국이 월등하게 높다. 부패가 증가했다고 답한 응답자의 비율은 한국 19.3%, 일본 36.7%, 대만 39.1%, OECD 평균은 44.7%로 한국이 매우 낮다.

2) 종교지도자, 국회의원, 지방의원의 부패가 심각하다.

2017년 설문조사 결과와 각 사회 영역의 부패 수준을 비교해보면 종교지도자를 제외한 모든 영역의 부패 수준이 개선되었다. OECD 평균과 각 사회 영역의 부패 수준을 비교하면 대통령 총리와 공무원을 제외한 모든 사회 영역이 낮은 점수를 받았다.

특히 국회의원과 종교 지도자, 지방의원의 부패가 심했다. 국회의원 0.37점(15.4%), 종교 지도자 0.29점 (13.8%), 지방의원 0.22점 (9.7%)등 OECD 평균보다 아주 낮은 점수를 받았다.

3) 한국인의 정부에 대한 신뢰도는 일본보다 높고 대만보다 낮다.

한국인의 정부에 대한 신뢰도는 일본보다 높고 대만보다 낮으나 사법기관과 경찰에 대한 신뢰도는 가장 낮다. 정부(사법기관과 경찰 제외)가 신뢰할 수 있고 책임을 다하고 있는지에 대해서 한국은 56.5%가 긍정적으로 응답해 일본 44.6%보다 높고 대만 67.6%보다 낮은 점수를 받았다.

4) 한국인의 사법기관과 경찰에 대한 신뢰도는 매우 낮다.

사법기관을 신뢰할 수 있고 책임을 다하고 있는지에 대해서 한국은 55.2%가 긍정적으로 응답해 일본 76.1%, 대만 73.7%보다 낮았다.

경찰에 관한 신뢰도 조사에서도 한국은 56.9%가 긍정적으로 응답해 일본 78.1%, 대만 75%보다 낮았다.

한국인의 정부, 사법기관 경찰에 대한 신뢰도를 연령대별로 비교하면 25~34세, 35~54세 중년층이 상대적으로 낮은 점수를 받았다. 반면 55세 이상이 더 높은 점수를 받고 있음을 알 수 있다.

5) 정부의 반부패 대응 역량은 일본과 OECD 평균보다 높으나 대만보다 낮다.

정부의 반부패 대응 역량에 대한 긍정적 응답은 45.2%로, 일본 23.3%, OECD 평균은 24.9%보다 높고 대만 58.8%에 비해 낮았다. 정부의 반부패 대응 능력에 대한 한국의 연령대별 점수를 보면 25~34세가 가장 낮은 점수를 받았으며 65세 이상이 가장 높은 점수를 받았다.

25~34세 청년층이 한국 부패의 심각성을 가장 잘 알고 있으며 정부에 대한 신뢰도가 가장 낮고 정부의 반부패 대응을 가장 부정적으로 평가했다. 반면 65세 이상은 부패의 심각성과 정부의 반부패 대응을 관대하게 평가하고 다른 연령대에 비해 정부에 대한 신뢰도 점수가 더 높다.

6) 반부패기관에 대한 평가는 일본보다 높으나 대만과 아시아 평균보다 낮다.

반부패 정책을 담당하는 반부패기관의 활동평가에서 한국인의 46.1%가 '잘하고 있다'고 답했으며 53.3%가 '잘못하고 있다'고 답했다. 같은 질문에 일본은 39.1%가 '잘하고 있다', 57.1%가 '잘못하고 있다'고 답했고. 대만은 65.4%가 '잘하고 있다'고 답했고 31.6%는 '잘하지 못한다'고 답했다. 아시아 국가의 평균은 63.1%가 잘하고 있다고 답했고 32.1%가 잘하지 못한다고 답했다. 즉 한국은 일본보다 높은 점수를 받았으나 대만과 아시아국가의 평균보다 낮은 점수를 받았다.

7) 한국인(특히 청년층)은 뇌물보다 인맥을 많이 사용한다.

업무 처리에서 한국인은 현금이나 금품 등 뇌물보다 개인적인 인맥(빽)을 활용하는 경우가 많다. 각종 인허가를 받기 위해 관공서의 공무원에게 8.1%는 뇌물을, 9.7%는 인맥을, 각종 특혜와 편의를 받기 위해 14.4%는 뇌물을, 17.3%는 인맥을 사용한다. 경찰에 대해서는 9.3%가 뇌물을, 11.4%는 인맥을, 사법기관에 대해서는 14.5%가 뇌물을, 18.9%가 인맥을 활용했다.

교사나 교직원에 12.7%가 뇌물을, 19.4%는 인맥을 활용한다. 의사나 병원종사자에게 5.9%는 뇌물을, 12.6%는 인맥을 사용한다.

한국인이 인맥을 사용한 비율은 17.7%로, 일본 4.1%, 대만 12.8%에 비해 월등하게 높다.

인맥을 활용한 연령대 분포는 놀랍게도 25~34세 23.5%로 청년층이 가장 높다. 35~54세 21.5%, 65세 이상은 9.3%로 노년에 갈수록 낮다. 한국인이 인맥을 활용하는 가장 큰 이유는 '더 빠르고 더 나은 특혜를 받기 위해서'가 62.8%로, 일본 54.1%, 대만 53.5%, 심지어 중국 60.7%보다 높게 나타났다. 걱정된다!

8) 한국인(특히 청년층) 다수가 뇌물을 비공식적 관행으로 생각한다.

뇌물을 제공한 경험이 있는 한국인의 연령대별 비율은 25~34세 13.4%, 35~54세 14%, 65세 이상 4%이다. 뇌물을 주는 이유로 "비공식인 관행으로 생각하여"라고 답한 비율이 응답자의 57%를 차지했다. 뒤를 이어 19%는 "고마움을 표하기 위해", 16.5%는 "혜택을 받기 위해 먼저 제공"하고 7.6%는 "상대방이 뇌물을 먼저 요청"이라고 답했다.

연령대_별로는 비공식적 관행이라고 생각해서 뇌물을 주었다는 사람은 청년층에서 더 많았고, 혜택을 받기 위해 뇌물을 제공한 사람은 노년층에서 더 많았다.

9) 한국인들은 부패 신고에 대해 보복을 두려워한다.

한국은 일본, 대만에 비해 '두려움 없이 부패 신고를 할 수 있다'고 답한 비율이 현저히 낮다. 이는 한국인들이 부패 신고에 대한 보복을 두려워한다는 것을 나타낸다. 한국은 부패 신고에 대해 응답자의 67%가 보복을 두려워한다고 응답했다. 이는 일본과 대만뿐만 아니라 아시아 전체 국가 중 가장 높은 비율이다. (일본 56.0%, 대만 55.9%, 아시아 전체 평균 41.6%) 슬프다!

10) 한국인은 부패 신고에 대한 당국의 적절한 조치를 기대하지 않는다.

한국은 부패 신고에 대해 당국이 적절한 조치를 할 것이라는 기대에서 가장 낮은 점수를 받았다. 즉 당국이 부패신고를 받으면 적절한 조치를 집행할 가능성에 대해서 한국인의 43.5%만이 긍정적으로 답했다. 중국인은 77.3%가 긍정적으로 답변해 가장 높고, 일본인은 62.8%, 대만인은 60%, 아시아 전체 평균 60.7%보다 낮은 비율이다. 부단한 반부패 제도개혁과 과감한 실천의 밝은 빛으로 걷어내야 할 아주 짙은 그림자 부분이다.

18.
공수처에 관한 일곱 오해

공수처법 개정안 통과는 도입 논의 20년 만에 결실을 맺은 것으로 권력기관에 대한 견제와 균형의 기반이라는 데 그 의미가 깊다. 공수처는 입법·행정·사법 어디에도 속하지 않는 독립적인 부패 수사기구다. 성역 없는 수사가 가능하게 돼 국가 전체에 부패 범죄에 대한 대응 역량이 강화된다.

부패척결의 임무를 충실히 수행할 수 있도록 공수처는 고위공직자에 대한 수사권을 갖는다. 판사·검사·경무관 이상 경찰 공무원에 대해서는 기소권까지 행사할 수 있다. 검사의 수사권과 독점적 기소권을 분산했다. 고위공직자의 범죄와 비리 행위를 감시하고 이를 척결하면 국가의 투명성과 공직 사회의 신뢰를 높일 수 있다.

공수처와 일곱 오해

그런데 지금 항간에는 코로나 19처럼 고위공직자범죄수사처(약칭 공수처)에 대한 7대 끔찍한 오해가 창궐하고 있다.

첫째, 공수처는 없어도 나라가 망하지 않는, 쓸데없는 기관이다.
둘째, 공수처는 대통령 1인 독재 체제로 가는 길이다.
셋째, 수사권과 기소권을 다 가진 공수처는 글로벌 스탠더드가 아니다.
넷째, 공수처는 검찰과 경찰 위에 군림하는 옥상옥 기관이다.
다섯째, 공수처는 민주주의 국가에 없는, 독재국가의 비밀정보기관이다.
여섯째, 유엔부패방지협약(UNCAC)은 지키지 않아도 되는 조약이다.
일곱째, 공수처는 견제 불가능한 언터처블 괴물기관이다.

동화 〈백설공주〉에서 백설공주가 새어머니에게 구박을 받고 쫓겨났으나 일곱 난쟁이들에게 구제된 것처럼, 공수처에 관한 당초 '일곱 오해'는 오해가 아니라 공수처 존재의 당위성을 근거해주는 '일곱 이해'가 될 수 있도록 하면 좋겠다.

1. 공수처는 없어도 나라가 망하지 않는, 쓸데없는 기관인가?

동서고금을 막론하고 민초들 때문에 망한 나라는 없다. 언제 어디서나 망국의 공통분모는 고위층의 부정부패, 동서고금 거의 모든 국가의 흥망성쇠는 고위층의 부패방지를 위한 제도적 장치와 그 작동상태에 달려 있다. 어찌 검찰과 경찰 등 법 집행기관이 자기조직 또는 자기보다 높은 권력층을 기소·수사·처벌할 수 있겠는가? 국가에 따라 명칭과 기능은 달라도, 주권국가는 고위층에 대한 기소와 수사 처벌을 위한 투트랙 시스템을 장착 가동해왔다. 삼국시대 이후 현재까지 공수처가 없는 시기는 일제가 한국의 모든 것을 일본식으로 바꾸고 식민지체제로 전환하기 시작한 1895년 갑오경장부터 현재까지 125년의 기간뿐이다. 신라의 사정부, 고려의 어사대, 조선의 의금부가 그것이다. 특히 의금부의 기능이 극대화된 시기는 세종, 성종, 영조와 정조 시대, 조선의 황금기와 중흥기다. 의금부가 유명무실해진 시기는 다산 정약용이 1817년 『경세유표』를 통해 "털 하나, 머리카락 하나 병들지 않은 게 없다. 지금 개혁하지 않으면 반드시 나라가 망할 것이다"라고 경고한 조선 최악의 혼군, 순조, 헌종, 철종 연간이다. 부패 방지를 위한 제도적 장치, 의금부의 미작동으로 조선의 생명은 끝났다.

2. 공수처는 대통령 1인 독재 체제로 가는 길인가?

한국 공수처는 독립기관으로 공수처법에 명기되어 있다. 공수처법 3조 ② 수사처는 그 권한에 속하는 직무를 독립하여 수행한다. ③ 대통령, 대통령비서실의 공무원은 수사처의 사무에 관하여 업무 보고나 자료 제출 요구, 지시, 의견 제시, 협의, 그 밖에 직무수행에 관여하는 일체의 행위를 하여서는 아니 된다. 제22조(정치적 중립 및 직무상 독립) 수사처 소속 공무원은 정치적 중립을 지켜야 하며, 그 직무를 수행함에 있어 외부로부터 어떠한 지시나 간섭을 받지 아니한다.

그런데 한국 공수처와 세계 공수처의 모델 싱가포르의 탐오조사국(CPIB)의 소속은 총리 직속이고, 국장은 대통령이 임명한다. 홍콩의 염정공서(ICAC)와 대만의 염정서(ACC)는 각각 행정장관과 법무부 소속이다. 오스트리아의 부패예방투쟁처(BAK)의 소속은 내무부 소속이고 세계 청렴국 랭킹 1위 뉴질랜드의 중대부패수사처(SFO)의 소속은 경찰부 소속이다. 당초 2009년 법무부 소속에서 경찰부 소속으로 이관됐다.

위에 언급한 청렴국 순위 상위국 국가뿐만 아니다. 56개 세계 모든 국가의 반부패기관은 독립기관인가(), 행정부 소속인가, 입법부 소속인가 여부는 크게 중요하지 않다. 반부패활동을 충분히 할 수 있도록 수사권과 기소권 조사권 등 권한이 법제상·실제상으로 부여되었는가와 함께 조사·수사·기소의 대상에서 제외되는 특권층의 유무에 따라 부패방지 제도적 장치로서의 존재 이유가 좌우된다.

3. 수사권과 기소권을 다 가진 공수처는 글로벌 스탠더드에 어긋나는가?

새는 양 날개로 난다. 반부패기관이 새라면 수사권과 기소권은 새의 양 날개다. 수사권과 기소권이 없는 반부패기관은 날 수 없는 새와 같다. 세계 56개 반부패기관 대다수는 수사권과 기소권(또는 기소권과 다름없는 기소요구권)을 보유하고 있다. 반부패교육과 홍보, 선전에만 주력하는 반부패기관을 보유한 마다가스카르, 그리스, 카메룬, 케냐 등의 국가청렴지수는 오히려 악화하고 있다. 수사권과 기소권을 보유한 반부패기관이야말로 글로벌 스탠더드에 부합한다.

특히 국가청렴도 상위국가들의 반부패기관은 글로벌 스탠더드를 초과하는 권한들을 보유하고 있다.

4. 공수처는 검찰과 경찰위에 군림하는 옥상옥 기관?

"공수처 25명 공수처 검사 vs 검찰청 2300여 명 검사"

권력기관이 진정한 권력을 갖추려면 권한도 강력해야 하지만 인원도 많아야 한다.

한국의 공수처는 공수처장 포함 공수처 검사 25명, 공수처 수사관 40명으로 정원이 65명뿐이다. 1개 중대의 병력 수에도 못 미치는 초미니 기관인 것이다. 반면에 검찰청에는 2300여 명의 검사와 검찰수사관 6000여 명, 기타직원 2000여 명이 있어, 1만 명이 넘는 방대한 군단을 보유하고 있다.

"공수처: 25명 검사+40명 수사관 vs 검찰청 2300명 검사+6000명 수사관" 검사 개개인의 권한은 대등하지만 수적으로는 공수처가 절대 열세다. 검사 수로만 따지면 공수처는 1개 소대에도 못 미치고 검찰청은 연대병력 수를 넘는다. 게다가 전국 경찰관 수는 서울시경 산하 2만 7천 명의 경찰관 포함 약 11만 명이다. 정원 65명의 초미니 기관이 무슨 수로 2300여 명 검사 포함 1만여 명의 검찰청, 11만 명의 경찰청, 다섯 자리 수 이상의 요원을 보유하는 국정원 등의 옥상옥이 되겠는가?

이처럼 공수처는 국내 권력기관에서뿐만 아니라 세계 청렴도 상위권 국가의 반부패기관 중에서도 최약체 초미니 신생기관이다. 공수처의 실상과 공수처에 대한 항간의 어마어마한 엄살과 우려 또는 기대 사이에는 안드로메다만큼 아득히 동떨어진 거리가 놓여 있는 것이다.

5. 공수처는 민주주의 국가에 없는, 독재국가의 비밀정보기관이다?

청렴국&주요국 정보기관 vs 반부패기관 일람표

인체 비유	정보 기관 신경기관 (눈 귀)	반부패기관 해독 기관 (간)
한국	국가정보원(NIS)	고위공직자범죄수사처(공수처)
싱가포르	내부안전국(ISD) 보안정보사(SID)	탐오조사국CPIB
홍콩	경찰청 형사정보국 (CIB)	염정공서(ICAC)
대만	국가안전국(NSB)	염정서(AAC)
영국	보안국MI5, 비밀정보국MI6	중대부패수사처 검찰감찰처(CPSI)
뉴질랜드	정부통신보안국(GCSB), SIS	중대부패수사처SFO
오스트리아	반테러 및 연방헌법 보호국(BVT)	부패예방투쟁청(BAK)
리투아니아	국가보안부(VSD)	특별조사처(SIS)
미국	국가정보국(DNI) 중앙정보국 (CIA)	특별심사처(OSC)등 6개 기관
중국	국가안전부(MSS)	국가감찰위(NSC) 당기율검사위(CCDI)
러시아	연방보안국(FSB)대외정보국(SVR)	러시아 조사국(ICR)
독일	헌법수호청(BFB),연방정보부(BND)	연방감찰원(BRH)
프랑스	대외안보총국(DGSI) 국내중앙정보국(DST)	부패예방청(SCPC)
일본	내각정보조사실(CIRO)	회계검사원(BOA)
베트남	공안부(TTBC)	중앙부패방지위(CSCAC)

*참고자료: https://en.wikipedia.org/wiki/List_of_intelligence_agencies
https://en.wikipedia.org/wiki/List_of_anti-corruption_agencies

    정보기관과 반부패기관을 인체에 비유해 보자. 정보기관은 눈이나 귀 등 신경기관이라면 반부패기관은 간 등 해독기관이다. 신경기관이 해독기관 역할을 할 수 없다. 정보기관에 부패공직자 척결이라는 미명하에 정적제거를 맡겼으니 사달이 날 수밖에 없었다.

    세계 1위 청렴국이자 민주주의 국가인 뉴질랜드, 미국, 영국, 독일, 프랑스, 오스트리아, 리투아니아 등이 독재국가인가? 이들 민주주의 선진국가들의 반부패기관이 독재자의 권력을 강화하기 위한 기관인가? 공수처가 비밀정보기관이라니? 전혀 아니다. 반부패기관과 정보기관을 혼동한 명백한 오류다.

    인체에 신경기관과 해독기관이 엄연히 존재하듯, 군주국이나 공화국이나 민주국가나 독재국가나 다종다양한 정치 체제에 상관없이 현대국가는 대부분 정보기관과 반부패기관을 갖추고 있다.

또한 동서고금을 통틀어 반부패기관을 통해서 독재 권력을 강화한 독재국가는 전혀 없다. 독재자가 바보인가? 방대하고 충성도가 강한 조직, 군대나 정보기관, 비밀경찰을 놔두고 굳이 사람이나 조직에 대한 충성도보다 정의감과 청렴성이 강한 소수 인원의 조직체 반부패기관을 통해서 하겠는가?

스탈린이나 히틀러, 박정희나 전두환 등 동서고금의 독재자는 대다수 KGB, 게슈타포, 중앙정보부, 보안사 등 정보기관 또는 군정보기관에 감찰 사찰 사정 처벌권을 부여하는 방식으로 독재자의 권력을 강화하여 왔다.

국민 상당수는 과거 어둠의 시절 중앙정보부(안전기획부 국가정보원)가 본연의 정보업무를 넘어 반정부 세력에 대한 광범한 감시·통제·적발에 이용됨으로써 독재정권의 폭압장치로 기능했던 트라우마 때문에 공수처에 대해 우려하고 있다. 그러나 전혀 걱정하지 말라. 한마디로 기우 중의 기우다.

자라 보고 놀란 가슴 솥뚜껑 보고 놀라지 말자. 까마귀같이 검은 과거의 정보기관 보고 놀란 가슴 백로처럼 하얀 반부패기관 보고 놀라지 말자.

6. 유엔부패방지협약(UNCAC)은 지키지 않아도 되는 조약인가?

유엔부패방지협약은 핵확산금지조약(NPT)처럼 일단 가입하고 비준했으면 반드시 이행하여야 할 이행의무가 있는 법적 구속력이 있는 조약이다. 특히 "각국은 자국 법체계의 기본원칙에 따라 부패방지기구가 한 개 이상 존재하도록 보장해야 한다"는 UNCAC 핵심조항 제6조에 따라 가입국들은 부패방지전담기관을 설치하거나 복수의 다원적 부패 시스템을 강화하였다. 북한이 핵실험을 하기 위하여 2003년에 NPT에서 탈퇴했듯이 대한민국도 공수처를 설치하지 않으려면 2003년에 서명하고 2008년 비준한 UNCAC를 탈퇴하여야만 국제법 원칙에 타당할 것이다.

7. 공수처는 견제 불가능한 언터처블 괴물기관이다?

부패방지전담기관을 설치한 세계 56개 국가들을 살펴보면 일각에서 우려하는 검찰과 경찰의 법집행기관 위에 군림하는 옥상옥 기관화되는 언터처블 기관화한 사례는 전혀 없다.

다만 거꾸로 기소권, 수사권, 조사권 등 실체적 권한이 부여되지 않고 인원과 예산이 턱없이 부족하여 기존의 방대하고 막강한 검찰·경찰 등 법집행기관과 회계검사기관, 사법기관, 또는 정보기관 등의 텃세와 견제로 인하여 공수처가 유명무실해진 예는 더러 있다. 러시아, 태국, 카메룬, 케냐, 마다가스카르 등 우리나라 공수처법은 처장을 포함한 직원의 '징계'를 제5장으로 별도의 장(제32조에서 제43조) 12개 조항으로 조항 글자수로 치면 공수처법의 전체 글자수의 과반수를 차지할 만큼 엄밀히 자세히 규정하고 있다. 특히 제37조의 5배 내의 징계부가금 조항과 제39조의 감사원, 검찰, 경찰 그 밖의 수사기관의 개입 조항은 여타 법률에서 찾기 어려운 조항이다.

제37조(징계부가금) ① 제36조에 따라 처장이 수사처검사에 대하여 징계를 청구하는 경우 그 징계 사유가 금품 및 향응 수수, 공금의 횡령·유용인 경우에는 해당 징계 외에 금품 및 향응 수수액, 공금의 횡령액·유용액의 5배 내의 징계부가금 부과 의결을 징계위원회에 청구하여야 한다.

제39조(퇴직 희망 수사처검사의 징계사유 확인 등) ① 처장은 수사처검사가 퇴직을 희망하는 경우에는 징계사유가 있는지 여부를 감사원과 검찰·경찰, 그 밖의 수사기관에 확인하여야 한다.

한국 공수처의 모델이자 세계 모든 반부패기관의 모델 싱가포르의 탐오조사국의 예를 살펴본다. 막강한 권한을 보유한 탐오조사국을 견제하기 위한 기관은 아주 많지만 7개만 들어보겠다.

1) 탐오조사국의 제1 직접적인 천적은 막강한 권한과 방대한 조직과 인원의 싱가포르 경찰이다. 싱가포르 경찰은 부패 이외의 범죄 수사를 담당한다. 즉 부패한 경찰의 천적은 탐오조사국이고 불법행위를 한 탐오조사국의 천적은 경찰이다.

2) 싱가포르 검찰은 탐오조사국의 기소요청에 대해 기소 여부를 결정하는 권한, 즉 기소결정권으로 탐오조사국의 월권을 필요 충분하게 견제할 수 있다.

3) 회계감사원(AGO)은 탐오조사국 직원이 부패에 연루된 상황일 경우, 경찰에 고소하여 수사를 의뢰한다.

4) 싱가포르 의회는 정무직 공무원(탐오조사국 국장 포함) 해임을 요구하고 탄핵을 소추할 수 있다. 한국 국회도 공수처장의 해임을 요구하고 탄핵을 소추할 수 있다.(공수처를 헌법기관화해야 할 것이다)

5) 대통령이 총리의 해임 요청에 따라 탐오조사국 국장을 해임할 수 있다.

6) 공무원인사위원회(PSB) 탐오조사국 국장 등 직원의 유죄가 인정되면 PSB는 해임 및 강제 퇴직을 포함한 징계조치를 취할 수 있다.

7) 싱가포르 탐오조사국의 최대 협조자이자 감시자는 싱가포르 국민이다. 싱가포르 국민은 내부고발자 보호법제에 따라 공무원이나 민간인이 부정부패와 권력형 범죄를 고발했을 경우 1만 달러 이하의 포상금을 지급받는다.

우리나라 공수처도 부패하지 않고 최적화된 반부패기능을 계속 발휘하게끔 싱가포르만큼 내부고발자 보호 법제를 강화할 필요가 있다.

19.

한국 공수처는 세계 초미니 반부패기관

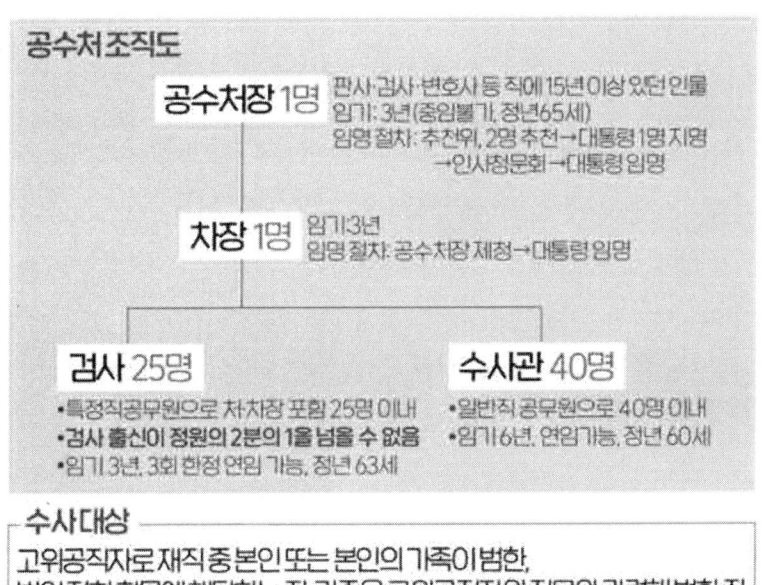

자료: 법무부

한국 공수처는 독립기관으로 공수처법에 명기되어 있다.

공수처법 3조 ② 수사처는 그 권한에 속하는 직무를 독립하여 수행한다. ③ 대통령,

대통령비서실의 공무원은 수사처의 사무에 관하여 업무 보고나 자료제출 요구, 지시, 의견제시, 협의, 그밖에 직무수행에 관여하는 일체의 행위를 하여서는 아니 된다. 제22조(정치적 중립 및 직무상 독립)수사처 소속 공무원은 정치적 중립을 지켜야 하며, 그 직무를 수행함에 있어 외부로부터 어떠한 지시나 간섭을 받지 아니한다.

그런데 한국 공수처와 세계 공수처의 모델 싱가포르의 탐오조사국(CPIB)의 소속은 총리직속이고 국장은 대통령이 임명한다. 홍콩의 염정공서(ICAC)와 대만의 염정서(ACC)는 각각 행정장관과 법무부 소속이다. 오스트리아 부패예방투쟁처(BAK)의 소속은 내무부 소속이고 세계 청렴국 랭킹 1위 뉴질랜드의 중대부패수사처(SFO)의 소속은 경찰부 소속이다. 당초 2009년 법무부 소속에서 경찰부 소속으로 이관됐다.

위와 같은 청렴국 순위 상위국 국가뿐만이 아니다. 56개 세계 모든 국가의 반부패기관은 독립기관인가. 행정부, 입법부 소속인가 여부는 크게 중요하지 않다. 반부패활동을 충분히 할 수 있도록 수사권과 기소권, 조사권 등 권한이 법제상, 실제상으로 부여되었는가와 함께 조사 수사 기소의 대상에서 제외되는 특권층의 유무에 따라 부패방지, 제도적 장치로서의 존재 이유가 좌우된다.

한국 공수처, CPI상위국중 최약체 초미니 반부패기관

청렴도CPI 40위 이상 국가의 반부패기관 권한과 정원 대조표

CPI순	기관명	소속	권한	인원
한국 39위	공수처	독립	수사권, 기소권	65명
싱가포르 4위	탐오조사국	총리실	수사권, 무영장체포압색권, 계좌추적권, 무기사용권	82명
홍콩 16위	염정공서	행정장관	수사권, 무영장체포압색권, 계좌추적권,무기사용권	1400명
대만 28위	염정서	법무부	수사권, 무영장체포 압색권, 재산동결조치권	240명
영국 12위	중대부패수사처	독립	기소권, 수사권, 조사권, 무영장정보제공요구권	450명
	검찰감찰처	독립	검찰감찰권, 기소권, 수사권, 검찰직무 개선요구권	50명
오스트리아 12위	부패예방투쟁처	내무부	기소권, 수사권, 조사권, 부패예방포괄적 조치권	170명
리투아니아 35위	특별조사처	독립	기소권, 수사권, 조사권, 긴급체포권	139명
뉴질랜드 1위	중대부패수사처	경찰청	기소권, 수사권, 조사권, 관련자&증인소환권	50명

- 국가청렴도순위 : 2019 CPI(부패인식지수 Corruption Perceptions Index)
- 한국 공수처 정원, 인구비례별 대비 세계 최소 초미니 공수처
  - 국가청렴도 1위국 뉴질랜드 중대부패수사처(SFO)의 직원은 50명이나 인구480명을 감안하면 한국보다 10배가량 많음
- 싱가포르 탐오조사국은 중대범죄사건에 대해 기소권이나 다름없는 기소요구권을 보유
- 홍콩 염정공서 직원수 약 1400명, 1인당 인구 5200명 인구비례별 세계 최다 공수처
- 영국 제2공수처 검찰감찰처(CPSI), 검찰의 기소권행사감찰 주목적 2000년 설치

글로벌 스탠더드 공수처는 수사권 기소권 +알파 보유

국가청렴도 상위국가들의 반부패기관은 글로벌 스탠더드를 초과하는 권한들을 보유하고 있다. 세계 청렴도 1위국 뉴질랜드의 중대부패수사처(SFO)는 독자적인 조사권, 수사권, 기소권과 공소유지 여부에 관한 결정권, 개인정보 요구권 및 관련자와 증인 소환권을 갖는다. 처장이 특별권한의 행사가 필요하다고 판단하는 경우 법원의 영장 없이 금융기관에 금융정보를 요구할 권한이 인정된다.

관련자와 증인소환에 불응권과 피의자의 진술거부권을 인정하지 않고 있다.

한국 공수처의 모델이자 세계 반부패기관의 모델인 싱가포르(청렴도 4위)

의 탐오조사국과 홍콩(청렴도 16위)의 염정공서는 광범위한 수사권과 기소권이나 다름없는 기소 요구권을 비롯해 무영장 체포권과 무기소지권, 무영장 압수 수색권과 계좌추적권, 시정조치요구권과 국제공조수사권, 부패예방 교육권 등 광범하고 막강한 권한을 보유했다.

영국(청렴도 12위)은 1987년 수사권, 기소권, 조사권을 보유한 중대부패수사처(SFO)를 설치했는데도 2000년 검찰의 기소권 남용을 감독하고 검찰업무를 감찰하기 위한 검찰감찰처(CPSI Crown Prosecution Serice Inspecotorate)을 설치했다.

오스트리아(청렴도 12위)는 2010년 부패방지 투쟁청(BAK)은 포괄적 예방조치권, 조사권, 계좌추적권, 압수수색권 및 포괄적 시정명령 처벌권(체포권, 직위박탈, 수사 기소권)을 보유하고 있다.

참고로 우크라이나는 2014년 슈퍼 공수처 국가부패방지국(NABU)설치에 이어 2019년 4월 11일 세계 최초로 반부패 고등법원(HACC)을 설립했다.

미국의 반부패 조직은 특정부서가 반부패 기능을 독자적으로 수행하는 것이 아니라 견제와 균형의 원리에 따라서 중층적·다각적으로 수행하고 있다. 특별심사처(OSC), 공직자윤리처(OGE), 연방수사국(FBI), 감찰국(OIG), 진실과 능률 대통령위원회(PCIE), 국세청범죄수사국(CI-IRS) 등 6개 반부패 기관이 그것이다. 이중에서 특별심사처와 국세청범죄수사국은 부패공직자에 대해 독립적 기소권과 수사권과 체포권을 갖추고 있다.

"공수처 25명 공수처 검사 s 검찰청 2300여 명 검사"

　공수처는 국내 권력기관중 초미니기관이다. 세계 반부패기관중에서도 초미니 기관이다(표 참조). 인구 570만 명의 싱가포르의 탐오조사국의 직원은 82명, 인구 740만 명의 홍콩의 염정공서(ICAC)의 직원은 약 1400명, 한국 인구의 절반인 2360만 인구 대만의 염정서의 정원은 한국 공수처 정원의 4배에 달하는 240명이다.

　인구 6790만 명의 영국의 제1공수처 중대부패수사처의 직원은 450명, 제2공수처 검찰감찰처의 정원은 50명, 합 500명이다. 인구 875만 명의 오스트리아 부패예방투쟁처의 정원은 170명, 인구 300만 명의 리투아니아 특별수처의 정원은 139명, 인구 480만 명의 뉴질랜드의 중대부패수사처의 정원 50명과 비교해보면 인구 5170만 명의 대한민국 공수처의 65명은 인구비례별 세계 최소 초미니 공수처라고 할 수 있다.

　부패 예방과 척결을 위한 강력한 제도적 장치를 구축하고 이의 원활한 작동을 위하여 적절한 예산과 인력을 투입하고 장점을 강화하고 단점을 보완해가는 꾸준한 제도 개선이 더욱 중요하다.

20.
공수처 직원 자격 개방하고 정원 늘려라

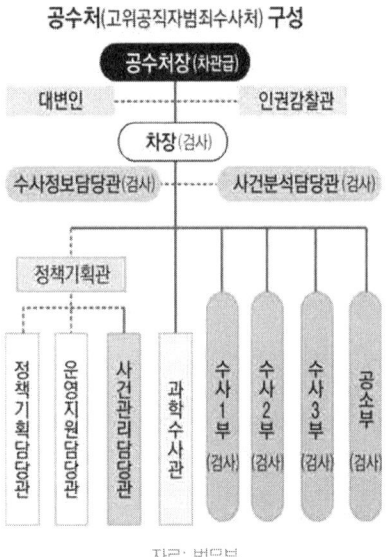

자료: 법무부

근친교배는 기형아가 나올 확률이 높아진다. 다양한 이유로 근친교배는 생명체의 생존에 위험이 된다. 야생동물도, 인간도 근친교배를 본능적으로 피한다. 특히 인간 사회에서 근친교배는 유전적인 위험뿐만 아니라 정신적 질환 발생률도 높인다. 이처럼 근친교배는 인간에게 생물학적인 위험성을 초래하고 사회학적인 위험성도 있기 때문에 거의 모든 국가에서 법으로 금지하고 있다. 개별 인간의 군집체인 사회조직도 마찬가지다. 앞에서 살펴본 바와 같이 한국 공수처의 결함의 하나는 총 정원 65명이라는 인구 비례별 세계 최소 초미니 반부패기구라는 점이다.[75] 하지만 그것보다 치명적 결함은 처장 포함 검사 25명과 수사관 40명으로 구성된, 검찰청 구성조직과 하나도 다를 바 없는 '검사-수사관' 조직체라는 점이다. 검찰청과 근친교배와 같은 '검사-수사관 반부패조직'체는 공수처 말고 지구상에 또 없다.

	검사	수사관	합
검찰청	2300여 명	6000여 명	8300여 명
공수처	25명	40명(검찰청 파견수사관 포함)	65명

공수처법 (고위공직자범죄수사처 설치 및 운영에 관한 법률)
제8조(수사처 검사) ① 수사처 검사는 변호사 자격을 10년 이상 보유한 자로서 재판, 수사 또는 수사처 규칙으로 정하는 조사업무의 실무를 5년 이상 수행한 경력이 있는 사람 중에서 대통령이 임명한다.
② 수사처 검사는 특정직공무원으로 보하고, 처장과 차장을 포함하여 25명 이내로 한다.

제10조(수사처수사관) ① 수사처수사관은 다음 각 호의 어느 하나에 해당하는 사람 중에서 처장이 임명한다.
1. 변호사 자격을 보유한 사람
2. 7급 이상 공무원으로서 조사, 수사업무에 종사하였던 사람
3. 수사처 규칙으로 정하는 조사업무의 실무를 5년 이상 수행한 경력이 있는 사람
② 수사처수사관은 일반직공무원으로 보하고, 40명 이내로 한다. 다만, 검찰청으로부터 검찰수사관을 파견받은 경우에는 이를 수사처수사관의 정원에 포함한다.

---

75) 처장 포함 공수처 전체 검사 25명이란 지청장 포함 수원지방검찰청 성남지청 근무 33명 검사보다 적다. 수원지방검찰청 성남지청 홈페이지 참조 https://www.spo.go.kr/site/seongnam/05/10503020000002018112211.jsp

위에서처럼 수사처 검사의 자격을 변호사 자격을 가진 자와 수사처 수사관의 자격은 검찰청수사관자격과 거의 비슷하게 한정하는 근친교배와 같다. 대한민국 공수처의 모델이자 청렴도 상위국의 부패방지기관을 살펴보자.

싱가포르 탐오조사국, 정의감 청렴성 강한 다양한 인력 자원을 공개경쟁채용

한국 공수처는 물론 세계 반부패기관의 모델 싱가포르의 탐오조사국(CPIB)의 특별조사관(Corrupt Practices Inestigation Officer CPIO)의 현원은 30명으로 헌법기관인 공무원 인사위원회(PSC)에서 공개 채용한다.

특별조사관의 응시자격은 4년제 대졸자로서 정의감, 성실성, 정직성, 공정성, 청렴성, 준법성, 책임감을 테스트하는 직무적성 검사와 인성검사가 우선되는 등 일반 공무원 선발절차보다 까다롭다. 선발된 요원은 4개월간 경찰학원 입교, 형법과 부패방지법 등의 법률과정, 기본조사기법, 총기 취급술의 교육과정을 학습한다. 2년간의 수습기간을 거친 후 정규 특별조사관으로 임명된다. 특별조사관의 매월 기본급은 3700~4898달러로, 성과급은 실적에 따라 별도 지급한다.

특별조사보좌관(Corrupt Practices Inestigation Assistant ,CPIA)의 현원은 52명으로 역시 공무원 인사위원회에서 공개채용한다. 특별조사보좌관의 응시자격은 고졸이상 학력자로서 특별조사관에 준하는 정의감과 청렴성이 강한 인성의 소유자이다. 소환장 송달, 체포 및 구인, 수사, 압수 수색 지원 등 현장 작업에 투입되는 특별조사보좌관의 매월 기본급은 1,826~2,748달러로 성과급은 실적에 따라 별도 지급한다.

행정관리관(Management Executie)의 현원은 26명으로 입법, 국제 관계, 전략 계획 및 기업 전문가로 구성된다. 이들의 매월 기본급은 3,100~4,038달러로 특별조사관과 비슷한 수준으로 높은 편이다. 행정관리관은 일반 행정부처와 각계 경영관리전문가들로 충원되는 것으로 알려졌다.[76]

홍콩의 염정공서, 대만의 염정서의 열린 인적 구성원

세계에서 가장 성공한 공수처, 홍콩의 염정공서(ICAC)는 2020년 말 현재 법률, 법의학, 행정, 재무, 경제, 경영관리, 교육 및 정보기술 분야 박사급 전문가 115명을 포함 1400여 명의 직원이 근무하고 있는데, 절반 이상이 10년 이상 경력의 베테랑들이다. 직원 채용의 공고, 시험, 선발, 면접, 임명과 훈련 등 인사의 전반적 업무를 염정공서가 독립적으로 실행한다. 염정공서 직원들은 생계형 부패에 노출되는 것을 방지하기 위해 일반 공무원들보다 1.8배에 달하는 높은 보수와 각종 복리후생을 제공하고 있다.[77]

법체계가 우리나라와 가장 비슷한 나라 대만의 염정서(AAC)의 본부는 대만 법무부 건물 내에 있다. 차관급 서장과 부서장 2인 휘하에 4개 팀과 지

---

76) 싱가포르 탐오조사국 홈페이지 https://www.cpib.go.sg/
77) 홍콩 염정공서 홈페이지 https://www.icac.org.hk/en/home/index.html

원조직으로 비서실, 인사실, 회계실에 약 198명이 근무하고 있다.(법무부 염정서조직법 정원 240명) 염정서의 직원은 법무부 조사국, 감찰원, 사법부 산하의 특별 정사조, 검찰 등 법집행기관과 감찰기관 공무원 중에서 선발 충원한다. 각 팀에는 약간 명의 검사도 상주하고 있는데 주로 기소와 기소유지 업무를 담당한다. 특기할 만한 사항은 타이베이의 염정공서 본부 외에 북부와 중부 남부 3개 지방 염정서를 설치 운영하고 있다는 것이다.[78]

영국, 오스트리아, 리투아니아, 뉴질랜드 반부패기관의 다종다양한 구성원

영국의 제1공수처 중대부패수처(SFO)에는 영국의 중대부패수사처(SFO)에는 변호사 회계사 경제·무역·건설·의학·전자공학 포렌식 분석가 등 각계 전문직 450명가량이 상근하고 있다.[79]

검찰청과 중대부패수사처를 감찰하기 위해 설립한 영국의 제2공수처 검찰감찰처(CPSI)본부에는 변호사, 검사, 회계사, 컴퓨터 보안전문가 등 50명이 상근하고 있다.[80]

오스트리아의 부패예방투쟁처(BAK)는 내무부장관 직속으로 처장은 내무부장관이 임명한다(현직 처장 전 대법관). 세계에서 가장 강력하고 광범위한 권한을 지닌 반부패기관으로 유명한 부패예방투쟁처의 정원 170명, 현원 115명, 대다수 내무부 공무원, 경찰, 회계감사관, 검찰관 약간 명으로 구성되어 있다.[81]

---

78) 대만 정풍기구인원설치관리조례 政風機構人員設置管理條例 https://mojlaw.moj.go.tw/LawContent.aspx?LSID=FL010645
79) 영국 중대부패수사처 홈페이지 https://www.sfo.go.uk/
80) 영국 검찰감찰처 HM Crown Prosecution Serice Inspectorate – Home www.justiceinspectorates.go.uk
81) 오스트리아 부패예방투쟁처 홈페이지 https://www.bak.g.at/en/

인구 300만의 발틱해 신흥강소국 리투아니아의 특별조사처(SIS)는 경찰청 장관 직속으로 14개 부서에 주로 경찰 공무원 등 법집행기관근무 경력자와 법학 전문가 240명이 근무하고 있다.[82]

2019년 청렴지수(CPI) 세계 1위국 뉴질랜드의 중대부패수사처(SFO)의 정원은 50명 변호사, 회계사, 디지털 포렌식 전문가, 재무 관리, IT 시스템, 미디어 및 커뮤니케이션 전문가로 구성되어 있고 특히 여성 직원 비율이 전체의 70%를 넘는다.[83]

공수처 직원 자격 개방하고 정원을 650명으로 늘려라

법은 지키라고도 있지만 고치라고도 있다. 법은 절대불변의 수학 공식이 아니다. 무조건 암기 해석하고 적용하라고만 있는 게 아니다. '물(氵)이 흘러가듯(去)' 법은 사회발전에 보조를 맞추어 끊임없이 개선해가라고 있는 것이다.

현행 공수처법은 작년 말 여소야대 시절 야당의 동의를 얻기 위해 부득이하게 만들어진 임시법이라고 할 수 있다. 공수처가 제대로 된 기능을 발휘하기 위해서는 위 청렴국가들의 부패방지기관들을 벤치마킹하여 공수처 직원 자격을 전방위로 개방하되 싱가포르 탐오조사국처럼 공개경쟁채용 방식으로 충원하고 정원을 최소한 650명(예: 인구 740만 홍콩 염정공서 직원 1400여 명을 감안)으로 확충하길 제안한다.

---

82) 리투아니아 특별조사처 Lietuos Respublikos speciali j tyrim tarnyba - ikipedija lt.wikipedia.org
83) 뉴질랜드 중대부패수사처 홈페이지 https://www.sfo.got.nz/

21.
감사원을 제6부로, 공수처를 헌법기관으로 격상하라

중국대외우호협회는 매년 11월 필자를 베이징에서 개최되는 대규모 국제회의에 초청해왔다. *황송하게도 중국 측은 필자를 항상 한국대표단 일행 중 제1인자처럼(IP(?)로) 우대해 왔다. 기라성 같은 석학과 대가를 제치고 학초(學草, '민초'에 대응한 조어)에 불과한 필자에 과분한 의전을 베푸는 이유는 뭘까 하고 탐문해봤다. 필자의 명함 한 귀퉁이의 한중친선협회 '감사(監事)'라는 두 글자 덕분이었다.

한중친선협회(회장 이세기 前 통일원 장관)가 비록 한국의 대표 對 중국 민간교류단체이지만 아시다시피 우리나라의 감사, 더구나 민간단체의 감사가 무슨 볼일이 있는가?

그런데 필자가 과분한 특별대우를 받은 까닭은 중국에서 '감사'는 회계검사원(auditor)이나 직무조사원(inspector)도 아닌 감독관(superisor)으로, 조직 제1인자 버금가는 굉장한 실권자로 이해하고 있기 때문이었다. 그런 이해 아닌 오해 덕분에 필자는 팔자에 없는 IP 의전을 만끽할 수 있었던 것이다.(사진에도 'superisor'라고 명기되어 있음)

국가주석 연임제 제한 폐지를 제외한 2018년 3월 중국 개헌의 최대특징은 무엇일까? 그것은 바로 중국판 공수처 겸 감사원격인 국가감찰위원회(State Committee of Superisory)를 신설하여 기존의 공산당 감찰기관 중앙기율검사위와 함께 공직자와 지도층 비리척결 사정·감찰 초강력 쌍검체제 구축이다.

그렇다면 대한민국의 국가 최고 감찰기관 감사원(監査院, board of Audit and Inspection)은 어떠한가?

고위층의 부정부패는 국가를 패망으로까지 인도한다. 권력을 사유화하려는 시도와 맞물릴 때는 더 위험하다. 대한민국이 처한 위기의 본질이다. 초대형 부패 사건이 터질 때마다 우리는 검찰을 바라본다. 그러나 부패 방지의 책무를 다하지 않고 깊은 잠에 빠져 있는 국가기관이 있다. 바로 감사원이다. 감사원 기능을 제대로 살려야 대형 비리를 사전에 예방할 수 있다.

문재인 현직 대통령을 제외한 1987년 체제 이후 역대 대통령에 대한 지지율 중 최고기록은 제15대 대통령 김영삼, 1993년 2, 3분기 YS의 지지율인 83%다. 평소에 '인사가 만사다'를 외쳐온 YS의 집권 1년차 인사는 절

묘했다. 1993년 2월 취임한 김영삼 대통령은 '대쪽 판사'라는 평판에 따라 이회창 전 대법관을 감사원장에 임명했다. 문재인 대통령을 제외한 1987년 체제 이후 역대 대통령에 대한 지지율 중 최고기록은 YS 대통령 임기 1년차 1993년 2, 3분기 83%이다. 이때 이회창 감사원장을 주축으로 비리공직자 척결, 금융실명제, 역사 바로 세우기, 고위 공직자 재산 공개 등 쾌도난마의 반부패 정책을 밀어붙였다.

감사원의 감격시대는 짧았다. 이회창 감사원장이 국무총리로 영전(사실은 임기가 보장되지 않아 언제든지 경질될 수 있는 좌천)[84]한 1993년 12월 16일부터 오늘까지 27년간, 감사원은 '잠자는 숲속의 공주'가 되었는지 존재감이 거의 없다.

대한민국을 자동차에 비유하면 감사원은 브레이크라고 할 수 있다. 감사원은 국가가 전복되는 사고 발생을 사전에 차단하기 위한 고성능 ABS브레이크 시스템으로 작동해야 한다. 그런데 우리나라의 감사원은 이회창 원장 이후 제 기능을 하지 않음에 따라, 대한민국은 27년간 브레이크가 없는 자동차가 된 셈이다. 지금 대한민국 최악의 직무 유기 헌법기관은 감사원이다. 검찰을 최악의 직권 남용 법률기관으로 비난하고 있지만, 원흉은 감사원의 지독한 직무 유기 때문이다.

---

84) 국무총리와 감사원장은 대통령이 국회의 동의를 얻어 임명한다. 그러나 국무총리는 언제라도 인사권자인 대통령에 의해 해임될 수 있다. 반면에 감사원장은 대통령의 심기나 정국상황에 관련 없이 임기 4년, 1회한 중임 가능 4~8년간 헌법으로 임기가 보장되어 있다.

베이징 북역 인근 대로상에 위치한 국가감찰위원회와 당 중앙기율검사위원회(주소北京市西城區平安里西大街41號)

지금 대한민국 최악의 직무 유기 헌법기관은 감사원이다. 검찰을 직권남용 법률기관으로 비난하고 있지만 원흉은 감사원의 지독한 직무유기 때문이다. 5년 단임제의 대통령을 제외하고는 행정부 소속 공직자로서 헌법에 유일하게 임기가 보장된 데다가(4년, 1차에 한해 중임가능), 국가최고 감찰기관으로서의 지위와 직무가 별도의 관(款 제2절 행정부 제4관), 4개 조문(제97조~제100조), 14개 문단, 376자로 규정된 감사원장과 감사위원[85]들은

---

85) 헌법상 감사원장 관련 규정은 국무총리의 그것(총 3개 조문, 7문단, 151자)보다 양적으로도 많다.

요즘 어디서 무엇을 하고 계실까? 헌법에 단 한 조문, 한 글자도 없는 '청와대 민정수석'은 저토록 눈부신 존재감을 펼치고 있건만.

감사원은 국가의 세입·세출의 결산, 국가 및 법률이 정한 단체의 회계검사와 행정기관 및 공무원의 직무에 관한 감찰을 담당하는 헌법 최고 감찰기관이다(헌법 제97조). 감사원장과 감사위원은 행정부 소속 공직자로서 5년 단임제의 대통령을 제외하고 유일하게 헌법에 임기가 보장되어 있다(헌법 제98조 제2항). 원장은 국회의 동의를 얻어 대통령이 임명하고, 그 임기는 4년으로 하며, 1차에 한하여 중임할 수 있다(헌법 제98조 제3항). 감사위원은 원장의 제청으로 대통령이 임명하고, 그 임기는 4년으로 하며, 1차에 한하여 중임할 수 있다. 감사위원은 탄핵결정이나 금고 이상의 형의 선고를 받았을 때, 장기(長期)의 심신쇠약으로 직무를 수행할 수 없게 된 때가 아니면 본인의 의사에 반하여 면직되지 아니하는 신분보장을 받는다(감사원법 제8조). 감사원은 직무에 관하여는 독립의 지위를 가지고, 감사원 소속 공무원의 임면(任免), 조직 및 예산의 편성에 있어서 독립성이 존중된다(감사원법 제2조).

그리고 비위 공직자에 대하여 변상책임을 지우고, 징계처분 및 문책의 요구, 시정 등의 요구, 개선 등의 요구, 수사기관에의 고발, 재심의 등의 권한이 있다.

감사원은 헌법 최고의 감찰기관으로서 위와 같은 권능을 가지고 있음에도 강제수사권, 기소권 등 실질적인 권한의 부재로 현실에서 그 기능을 발휘하지 못하고 있다.

권력형 부정부패가 만연한 우리 사회에서 감사원으로 하여금 헌법이 부여한 고유한 역할과 임무를 적극적으로 수행할 수 있도록 하기 위해선 감사원법 등 관련 법령 개선이 절실하다.

2018년 3월 26일 문재인 대통령이 발의한 개헌안에 따라, 대통령 소속인 감사원이 독립기관으로 분리됐다. 감사위원 전원을 감사원장의 제청으로 대통령이 임명하던 것을 감사위원 중 3명을 국회에서 선출하도록 하여 국회의 정부에 대한 통제권을 더욱 강화했다.

그러나 학계 일각에서는 현행 헌법상 감사위원 7명 가운데 3명을 국회에서 선출해도 대통령이 감사원장을 임명하고 나머지 과반을 감사원장이 제청하는 한, 감사원은 대통령의 영향 아래에 있을 수밖에 없다고 지적하고 있다.

이에 필자는 감사원을 독립헌법기관, 즉, 입법, 행정, 사법, 헌법재판소, 선거관리위원회 등 기존 5부 헌법 기관에 더한 제6부 헌법기관으로 격상시켜 국가 최고 사정·감찰기관 감사원에 걸맞은 준사법권을 부여하고 감사원장의 지위를 국무총리급으로 격상시키는 헌법 개정을 제안한다.

필자는 공수처의 설립 지위 권한 등을 헌법에 명기할 것을 제안한다. 법률을 근거로 설립한 특별감찰관실 자체가 파괴되어 버린 전철을 밟지 않기 위해서라도 공수처는 법률 차원보다 높은 헌법 차원으로 보장되어야 한다고 생각한다. 끝으로 공수처를 입법·행정·사법부가 아닌, 독립헌법기관 감사원의 예하에 설치하여 권력형 비리 척결의 최전선에 서게 하는 방안을 첨언한다.[86]

---

86) 강효백, "최순실 국정농단에 감사원은 뭘 했나", 월간중앙, 2016년 12월호 72~81쪽을 참조하여 재작성

〈부록1〉

고위공직자범죄수사처 설치 및 운영에 관한 법률(약칭:공수처법)

[시행 2021. 1. 1.] [법률 제17646호, 2020. 12. 15., 타법개정]

제1장 총칙

제1조(목적) 이 법은 고위공직자범죄수사처의 설치와 운영에 관하여 필요한 사항을 규정함을 목적으로 한다.

제2조(정의) 이 법에서 사용하는 용어의 정의는 다음과 같다. 〈개정 2020. 12. 15.〉
1. "고위공직자"란 다음 각 목의 어느 하나의 직(職)에 재직 중인 사람 또는 그 직에서 퇴직한 사람을 말한다. 다만, 장성급 장교는 현역을 면한 이후도 포함된다.
가. 대통령
나. 국회의장 및 국회의원
다. 대법원장 및 대법관
라. 헌법재판소장 및 헌법재판관
마. 국무총리와 국무총리비서실 소속의 정무직공무원
바. 중앙선거관리위원회의 정무직공무원
사. 「공공감사에 관한 법률」 제2조제2호에 따른 중앙행정기관의 정무직공무원
아. 대통령비서실·국가안보실·대통령경호처·국가정보원 소속의 3급 이상 공무원
자. 국회사무처, 국회도서관, 국회예산정책처, 국회입법조사처의 정무직공무원
차. 대법원장비서실, 사법정책연구원, 법원공무원교육원, 헌법재판소사무처의 정무직공무원
카. 검찰총장
타. 특별시장·광역시장·특별자치시장·도지사·특별자치도지사 및 교육감
파. 판사 및 검사
하. 경무관 이상 경찰공무원
거. 장성급 장교
너. 금융감독원 원장·부원장·감사
더. 감사원·국세청·공정거래위원회·금융위원회 소속의 3급 이상 공무원

2. "가족"이란 배우자, 직계존비속을 말한다. 다만, 대통령의 경우에는 배우자와 4촌 이내의 친족을 말한다.

3. "고위공직자범죄"란 고위공직자로 재직 중에 본인 또는 본인의 가족이 범한 다음 각 목의 어느 하나에 해당하는 죄를 말한다. 다만, 가족의 경우에는 고위공직자의 직무와 관련하여 범한 죄에 한정한다.
  가. 「형법」 제122조부터 제133조까지의 죄(다른 법률에 따라 가중처벌되는 경우를 포함한다)
  나. 직무와 관련되는 「형법」 제141조, 제225조, 제227조, 제227조의2, 제229조(제225조, 제227조 및 제227조의2의 행사죄에 한정한다), 제355조부터 제357조까지 및 제359조의 죄(다른 법률에 따라 가중처벌되는 경우를 포함한다)
  다. 「특정범죄 가중처벌 등에 관한 법률」 제3조의 죄
  라. 「변호사법」 제111조의 죄
  마. 「정치자금법」 제45조의 죄
  바. 「국가정보원법」 제21조 및 제22조의 죄
  사. 「국회에서의 증언·감정 등에 관한 법률」 제14조제1항의 죄
  아. 가목부터 마목까지의 죄에 해당하는 범죄행위로 인한 「범죄수익은닉의 규제 및 처벌 등에 관한 법률」 제2조제4호의 범죄수익등과 관련된 같은 법 제3조 및 제4조의 죄

4. "관련범죄"란 다음 각 목의 어느 하나에 해당하는 죄를 말한다.
  가. 고위공직자와 「형법」 제30조부터 제32조까지의 관계에 있는 자가 범한 제3호 각 목의 어느 하나에 해당하는 죄
  나. 고위공직자를 상대로 한 자의 「형법」 제133조, 제357조제2항의 죄
  다. 고위공직자범죄와 관련된 「형법」 제151조제1항, 제152조, 제154조부터 제156조까지의 죄 및 「국회에서의 증언·감정 등에 관한 법률」 제14조제1항의 죄
  라. 고위공직자범죄 수사 과정에서 인지한 그 고위공직자범죄와 직접 관련성이 있는 죄로서 해당 고위공직자가 범한 죄

5. "고위공직자범죄등"이란 제3호와 제4호의 죄를 말한다.

제3조(고위공직자범죄수사처의 설치와 독립성) ① 고위공직자범죄등에 관하여 다음 각 호에 필요한 직무를 수행하기 위하여 고위공직자범죄수사처(이하 "수사처"라 한다)를 둔다.
1. 고위공직자범죄등에 관한 수사

2. 제2조제1호다목, 카목, 파목, 하목에 해당하는 고위공직자로 재직 중에 본인 또는 본인의 가족이 범한 고위공직자범죄 및 관련범죄의 공소제기와 그 유지

② 수사처는 그 권한에 속하는 직무를 독립하여 수행한다.

③ 대통령, 대통령비서실의 공무원은 수사처의 사무에 관하여 업무보고나 자료제출 요구, 지시, 의견제시, 협의, 그 밖에 직무수행에 관여하는 일체의 행위를 하여서는 아니 된다.

제2장 조직

제4조(처장·차장 등) ① 수사처에 처장 1명과 차장 1명을 두고, 각각 특정직공무원으로 보한다.

② 수사처에 수사처검사와 수사처수사관 및 그 밖에 필요한 직원을 둔다.

제5조(처장의 자격과 임명) ① 처장은 다음 각 호의 직에 15년 이상 있던 사람 중에서 제6조에 따른 고위공직자범죄수사처장후보추천위원회가 2명을 추천하고, 대통령이 그 중 1명을 지명한 후 인사청문회를 거쳐 임명한다.

1. 판사, 검사 또는 변호사
2. 변호사 자격이 있는 사람으로서 국가기관, 지방자치단체, 「공공기관의 운영에 관한 법률」 제4조에 따른 공공기관 또는 그 밖의 법인에서 법률에 관한 사무에 종사한 사람
3. 변호사 자격이 있는 사람으로서 대학의 법률학 조교수 이상으로 재직하였던 사람

② 제1항 각 호에 규정된 둘 이상의 직에 재직한 사람에 대해서는 그 연수를 합산한다.

③ 처장의 임기는 3년으로 하고 중임할 수 없으며, 정년은 65세로 한다.

④ 처장이 궐위된 때에는 제1항에 따른 절차를 거쳐 60일 이내에 후임자를 임명하여야 한다. 이 경우 새로 임명된 처장의 임기는 새로이 개시된다.

제6조(고위공직자범죄수사처장후보추천위원회) ① 처장후보자의 추천을 위하여 국회에 고위공직자범죄수사처장후보추천위원회(이하 "추천위원회"라 한다)를 둔다.

② 추천위원회는 위원장 1명을 포함하여 7명의 위원으로 구성한다.

③ 위원장은 위원 중에서 호선한다. 〈개정 2020. 12. 15.〉

④ 국회의장은 다음 각 호의 사람을 위원으로 임명하거나 위촉한다.

1. 법무부장관
2. 법원행정처장

3. 대한변호사협회장
4. 대통령이 소속되거나 소속되었던 정당의 교섭단체가 추천한 2명
5. 제4호의 교섭단체 외의 교섭단체가 추천한 2명
⑤ 국회의장은 제4항제4호 및 제5호에 따른 교섭단체에 10일 이내의 기한을 정하여 위원의 추천을 서면으로 요청할 수 있고, 각 교섭단체는 요청받은 기한 내에 위원을 추천하여야 한다. 〈신설 2020. 12. 15.〉
⑥ 제5항에도 불구하고 요청받은 기한 내에 위원을 추천하지 아니한 교섭단체가 있는 경우, 국회의장은 해당 교섭단체의 추천에 갈음하여 다음 각 호의 사람을 위원으로 위촉한다. 〈신설 2020. 12. 15.〉
1. 사단법인 한국법학교수회 회장
2. 사단법인 법학전문대학원협의회 이사장
⑦ 추천위원회는 국회의장의 요청 또는 위원 3분의 1 이상의 요청이 있거나 위원장이 필요하다고 인정할 때 위원장이 소집하고, 재적위원 3분의 2 이상의 찬성으로 의결한다. 〈개정 2020. 12. 15.〉
⑧ 추천위원회 위원은 정치적으로 중립을 지키고 독립하여 그 직무를 수행한다. 〈개정 2020. 12. 15.〉
⑨ 추천위원회가 제5조제1항에 따라 처장후보자를 추천하면 해당 추천위원회는 해산된 것으로 본다. 〈개정 2020. 12. 15.〉
⑩ 그 밖에 추천위원회의 운영 등에 필요한 사항은 국회규칙으로 정한다. 〈개정 2020. 12. 15.〉

제7조(차장) ① 차장은 10년 이상 제5조제1항 각 호의 직에 재직하였던 사람 중에서 처장의 제청으로 대통령이 임명한다.
② 제5조제2항은 차장의 임명에 준용한다.
③ 차장의 임기는 3년으로 하고 중임할 수 없으며, 정년은 63세로 한다.

제8조(수사처검사) ① 수사처검사는 7년 이상 변호사의 자격이 있는 사람 중에서 제9조에 따른 인사위원회의 추천을 거쳐 대통령이 임명한다. 이 경우 검사의 직에 있었던 사람은 제2항에 따른 수사처검사 정원의 2분의 1을 넘을 수 없다. 〈개정 2020. 12. 15.〉
② 수사처검사는 특정직공무원으로 보하고, 처장과 차장을 포함하여 25명 이내로 한다.
③ 수사처검사의 임기는 3년으로 하고, 3회에 한정하여 연임할 수 있으며, 정년은 63세로 한다.

④ 수사처검사는 직무를 수행함에 있어서 「검찰청법」 제4조에 따른 검사의 직무 및 「군사법원법」 제37조에 따른 군검사의 직무를 수행할 수 있다.

제9조(인사위원회) ① 처장과 차장을 제외한 수사처검사의 임용, 전보, 그 밖에 인사에 관한 중요 사항을 심의·의결하기 위하여 수사처에 인사위원회를 둔다.
② 인사위원회는 위원장 1명을 포함한 7명의 위원으로 구성하고, 인사위원회의 위원장은 처장이 된다.
③ 인사위원회 위원 구성은 다음 각 호와 같다.
1. 처장
2. 차장
3. 학식과 덕망이 있고 각계 전문 분야에서 경험이 풍부한 사람으로서 처장이 위촉한 사람 1명
4. 대통령이 소속되거나 소속되었던 정당의 교섭단체가 추천한 2명
5. 제4호의 교섭단체 외의 교섭단체가 추천한 2명
④ 제3항제3호부터 제5호까지의 규정에 따른 위원의 임기는 3년으로 한다.
⑤ 인사위원회는 재적위원 과반수의 찬성으로 의결한다.
⑥ 그 밖에 인사위원회의 구성과 운영 등에 필요한 사항은 수사처규칙으로 정한다.

제10조(수사처수사관) ① 수사처수사관은 다음 각 호의 어느 하나에 해당하는 사람 중에서 처장이 임명한다.
1. 변호사 자격을 보유한 사람
2. 7급 이상 공무원으로서 조사, 수사업무에 종사하였던 사람
3. 수사처규칙으로 정하는 조사업무의 실무를 5년 이상 수행한 경력이 있는 사람
② 수사처수사관은 일반직공무원으로 보하고, 40명 이내로 한다. 다만, 검찰청으로부터 검찰수사관을 파견받은 경우에는 이를 수사처수사관의 정원에 포함한다.
③ 수사처수사관의 임기는 6년으로 하고, 연임할 수 있으며, 정년은 60세로 한다.

제11조(그 밖의 직원) ① 수사처의 행정에 관한 사무처리를 위하여 필요한 직원을 둘 수 있다.
② 제1항에 따른 직원의 수는 20명 이내로 한다.

제12조(보수 등) ① 처장의 보수와 대우는 차관의 예에 준한다.
② 차장의 보수와 대우는 고위공무원단 직위 중 가장 높은 직무등급의 예에 준한다.
③ 수사처검사의 보수와 대우는 검사의 예에 준한다.
④ 수사처수사관의 보수와 대우는 4급 이하 7급 이상의 검찰직공무원의 예에 준한다.

제13조(결격사유 등) ① 다음 각 호의 어느 하나에 해당하는 사람은 처장, 차장, 수사처검사, 수사처수사관으로 임명될 수 없다.
1. 대한민국 국민이 아닌 사람
2. 「국가공무원법」 제33조 각 호의 어느 하나에 해당하는 사람
3. 금고 이상의 형을 선고받은 사람
4. 탄핵결정에 의하여 파면된 후 5년이 지나지 아니한 사람
5. 대통령비서실 소속의 공무원으로서 퇴직 후 2년이 지나지 아니한 사람
② 검사의 경우 퇴직 후 3년이 지나지 아니하면 처장이 될 수 없고, 퇴직 후 1년이 지나지 아니하면 차장이 될 수 없다.

제14조(신분보장) 처장, 차장, 수사처검사는 탄핵이나 금고 이상의 형을 선고받은 경우를 제외하고는 파면되지 아니하며, 징계처분에 의하지 아니하고는 해임·면직·정직·감봉·견책 또는 퇴직의 처분을 받지 아니한다.

제15조(심신장애로 인한 퇴직) 수사처검사가 중대한 심신상의 장애로 인하여 직무를 수행할 수 없을 때 대통령은 처장의 제청에 의하여 그 수사처검사에게 퇴직을 명할 수 있다.

제16조(공직임용 제한 등) ① 처장과 차장은 퇴직 후 2년 이내에 헌법재판관(「대한민국헌법」 제111조제3항에 따라 임명되는 헌법재판관은 제외한다), 검찰총장, 국무총리 및 중앙행정기관·대통령비서실·국가안보실·대통령경호처·국가정보원의 정무직 공무원으로 임용될 수 없다.
② 처장, 차장, 수사처검사는 퇴직 후 2년이 지나지 아니하면 검사로 임용될 수 없다.
③ 수사처검사로서 퇴직 후 1년이 지나지 아니한 사람은 대통령비서실의 직위에 임용될 수 없다.
④ 수사처에 근무하였던 사람은 퇴직 후 1년 동안 수사처의 사건을 변호사로서 수임할 수 없다.

제3장 직무와 권한

제17조(처장의 직무와 권한) ① 처장은 수사처의 사무를 통할하고 소속 직원을 지휘·감독한다.
② 처장은 국회에 출석하여 수사처의 소관 사무에 관하여 의견을 진술할 수 있고, 국회의 요구가 있을 때에는 수사나 재판에 영향을 미치지 않는 한 국회에 출석하여 보고하거나 답변하여야 한다.
③ 처장은 소관 사무와 관련된 안건이 상정될 경우 국무회의에 출석하여 발언할 수 있으며, 그 소관 사무에 관하여 법무부장관에게 의안(이 법의 시행에 관한 대통령령안을 포함한다)의 제출을 건의할 수 있다.
④ 처장은 그 직무를 수행함에 있어서 필요한 경우 대검찰청, 경찰청 등 관계 기관의 장에게 고위공직자범죄등과 관련된 사건의 수사기록 및 증거 등 자료의 제출과 수사활동의 지원 등 수사협조를 요청할 수 있다.
⑤ 처장은 제8조에 따른 수사처검사의 직을 겸한다.
⑥ 처장은 수사처의 예산 관련 업무를 수행하는 경우에 「국가재정법」 제6조제2항에 따른 중앙관서의 장으로 본다.

제18조(차장의 직무와 권한) ① 차장은 처장을 보좌하며, 처장이 부득이한 사유로 그 직무를 수행할 수 없는 때에는 그 직무를 대행한다.
② 차장은 제8조에 따른 수사처검사의 직을 겸한다.

제19조(수사처검사 직무의 위임·이전 및 승계) ① 처장은 수사처검사로 하여금 그 권한에 속하는 직무의 일부를 처리하게 할 수 있다.
② 처장은 수사처검사의 직무를 자신이 처리하거나 다른 수사처검사로 하여금 처리하게 할 수 있다.

제20조(수사처검사의 직무와 권한) ① 수사처검사는 제3조제1항 각 호에 따른 수사와 공소의 제기 및 유지에 필요한 행위를 한다.
② 수사처검사는 처장의 지휘·감독에 따르며, 수사처수사관을 지휘·감독한다.
③ 수사처검사는 구체적 사건과 관련된 제2항에 따른 지휘·감독의 적법성 또는 정당성에 대하여 이견이 있을 때에는 이의를 제기할 수 있다.

제21조(수사처수사관의 직무) ① 수사처수사관은 수사처검사의 지휘·감독을 받아 직무를 수행한다.
② 수사처수사관은 고위공직자범죄등에 대한 수사에 관하여 「형사소송법」 제197조제1항에 따른 사법경찰관의 직무를 수행한다. 〈개정 2020. 2. 4.〉

제22조(정치적 중립 및 직무상 독립) 수사처 소속 공무원은 정치적 중립을 지켜야 하며, 그 직무를 수행함에 있어 외부로부터 어떠한 지시나 간섭을 받지 아니한다.

제4장 수사와 공소의 제기 및 유지

제23조(수사처검사의 수사) 수사처검사는 고위공직자범죄의 혐의가 있다고 사료하는 때에는 범인, 범죄사실과 증거를 수사하여야 한다.

제24조(다른 수사기관과의 관계) ① 수사처의 범죄수사와 중복되는 다른 수사기관의 범죄수사에 대하여 처장이 수사의 진행 정도 및 공정성 논란 등에 비추어 수사처에서 수사하는 것이 적절하다고 판단하여 이첩을 요청하는 경우 해당 수사기관은 이에 응하여야 한다.
② 다른 수사기관이 범죄를 수사하는 과정에서 고위공직자범죄등을 인지한 경우 그 사실을 즉시 수사처에 통보하여야 한다.
③ 처장은 피의자, 피해자, 사건의 내용과 규모 등에 비추어 다른 수사기관이 고위공직자범죄등을 수사하는 것이 적절하다고 판단될 때에는 해당 수사기관에 사건을 이첩할 수 있다.
④ 제2항에 따라 고위공직자범죄등 사실의 통보를 받은 처장은 통보를 한 다른 수사기관의 장에게 수사처규칙으로 정한 기간과 방법으로 수사개시 여부를 회신하여야 한다.

제25조(수사처검사 및 검사 범죄에 대한 수사) ① 처장은 수사처검사의 범죄 혐의를 발견한 경우에 관련 자료와 함께 이를 대검찰청에 통보하여야 한다.
② 수사처 외의 다른 수사기관이 검사의 고위공직자범죄 혐의를 발견한 경우 그 수사기관의 장은 사건을 수사처에 이첩하여야 한다.

제26조(수사처검사의 관계 서류와 증거물 송부 등) ① 수사처검사는 제3조제1항제2호에서 정하는 사건을 제외한 고위공직자범죄등에 관한 수사를 한 때에는 관계 서류와 증

거물을 지체 없이 서울중앙지방검찰청 소속 검사에게 송부하여야 한다.
② 제1항에 따라 관계 서류와 증거물을 송부받아 사건을 처리하는 검사는 처장에게 해당 사건의 공소제기 여부를 신속하게 통보하여야 한다.

제27조(관련인지 사건의 이첩) 처장은 고위공직자범죄에 대하여 불기소 결정을 하는 때에는 해당 범죄의 수사과정에서 알게 된 관련범죄 사건을 대검찰청에 이첩하여야 한다.

제28조(형의 집행) ① 수사처검사가 공소를 제기하는 고위공직자범죄등 사건에 관한 재판이 확정된 경우 제1심 관할지방법원에 대응하는 검찰청 소속 검사가 그 형을 집행한다.
② 제1항의 경우 처장은 원활한 형의 집행을 위하여 해당 사건 및 기록 일체를 관할 검찰청의 장에게 인계한다.

제29조(재정신청에 대한 특례) ① 고소·고발인은 수사처검사로부터 공소를 제기하지 아니한다는 통지를 받은 때에는 서울고등법원에 그 당부에 관한 재정을 신청할 수 있다.
② 제1항에 따른 재정신청을 하려는 사람은 공소를 제기하지 아니한다는 통지를 받은 날부터 30일 이내에 처장에게 재정신청서를 제출하여야 한다.
③ 재정신청서에는 재정신청의 대상이 되는 사건의 범죄사실 및 증거 등 재정신청을 이유 있게 하는 사유를 기재하여야 한다.
④ 제2항에 따라 재정신청서를 제출받은 처장은 재정신청서를 제출받은 날부터 7일 이내에 재정신청서, 의견서, 수사 관계 서류 및 증거물을 서울고등법원에 송부하여야 한다. 다만, 신청이 이유 있는 것으로 인정하는 때에는 즉시 공소를 제기하고 그 취지를 서울고등법원과 재정신청인에게 통지한다.
⑤ 이 법에서 정한 사항 외에 재정신청에 관하여는 「형사소송법」 제262조 및 제262조의2부터 제262조의4까지의 규정을 준용한다. 이 경우 관할법원은 서울고등법원으로 하고, "지방검찰청검사장 또는 지청장"은 "처장", "검사"는 "수사처검사"로 본다.

제30조 삭제 〈2020. 12. 15.〉
제31조(재판관할) 수사처검사가 공소를 제기하는 고위공직자범죄등 사건의 제1심 재판은 서울중앙지방법원의 관할로 한다. 다만, 범죄지, 증거의 소재지, 피고인의 특별한 사정 등을 고려하여 수사처검사는 「형사소송법」에 따른 관할 법원에 공소를 제기할 수 있다.

제5장 징계

제32조(징계사유) 수사처검사가 다음 각 호의 어느 하나에 해당하면 그 수사처검사를 징계한다.
1. 재직 중 다음 각 목의 어느 하나에 해당하는 행위를 한 때
가. 정치운동에 관여하는 일
나. 금전상의 이익을 목적으로 하는 업무에 종사하는 일
다. 처장의 허가 없이 보수를 받는 직무에 종사하는 일
2. 직무상의 의무를 위반하거나 직무를 게을리하였을 때
3. 직무 관련 여부에 상관없이 수사처검사로서의 체면이나 위신을 손상하는 행위를 하였을 때

제33조(수사처검사징계위원회) ① 수사처검사의 징계 사건을 심의하기 위하여 수사처에 수사처검사징계위원회(이하 "징계위원회"라 한다)를 둔다.
② 징계위원회는 위원장 1명을 포함한 7명의 위원으로 구성하고, 예비위원 3명을 둔다.

제34조(징계위원회 위원장의 직무와 위원의 임기 등) ① 징계위원회의 위원장은 차장이 된다. 다만, 차장이 징계혐의자인 경우에는 처장이 위원장이 되고, 처장과 차장이 모두 징계혐의자인 경우에는 수사처규칙으로 정하는 수사처검사가 위원장이 된다.
② 위원은 다음 각 호의 사람이 된다.
1. 위원장이 지명하는 수사처검사 2명
2. 변호사, 법학교수 및 학식과 경험이 풍부한 사람으로서 위원장이 위촉하는 4명
③ 예비위원은 수사처검사 중에서 위원장이 지명하는 사람이 된다.
④ 제2항제2호에 따라 위촉된 위원의 임기는 3년으로 한다.
⑤ 위원장은 징계위원회의 업무를 총괄하고, 회의를 소집하며, 그 의장이 된다.
⑥ 위원장이 부득이한 사유로 직무를 수행할 수 없을 때에는 위원장이 지정하는 위원이 그 직무를 대리하고, 위원장이 지정한 위원이 부득이한 사유로 직무를 수행할 수 없을 때에는 위원장이 지명하는 예비위원이 그 직무를 대리한다.

제35조(징계위원회의 사무직원) ① 징계위원회에 간사 1명과 서기 몇 명을 둔다.
② 간사는 위원장이 지명하는 수사처검사가 되고, 서기는 수사처 소속 공무원 중에서 위원장이 위촉한다.

③ 간사 및 서기는 위원장의 명을 받아 징계에 관한 기록과 그 밖의 서류의 작성 및 보관에 관한 사무에 종사한다.

제36조(징계의 청구와 개시) ① 징계위원회의 징계심의는 처장(처장이 징계혐의자인 경우에는 차장을, 처장 및 차장이 모두 징계혐의자인 경우에는 수사처규칙으로 정하는 수사처검사를 말한다. 이하 이 조 및 제38조제1항, 제39조, 제40조제2항, 제42조제1항에서 같다)의 청구에 의하여 시작한다.
② 처장은 수사처검사가 제32조 각 호의 어느 하나에 해당하는 행위를 하였다고 인정할 때에는 제1항의 청구를 하여야 한다.
③ 징계의 청구는 징계위원회에 서면으로 제출하여야 한다.

제37조(징계부가금) ① 제36조에 따라 처장이 수사처검사에 대하여 징계를 청구하는 경우 그 징계 사유가 금품 및 향응 수수, 공금의 횡령·유용인 경우에는 해당 징계 외에 금품 및 향응 수수액, 공금의 횡령액·유용액의 5배 내의 징계부가금 부과 의결을 징계위원회에 청구하여야 한다.
② 제1항에 따른 징계부가금의 조정, 감면 및 징수에 관하여는 「국가공무원법」 제78조의2제2항 및 제3항을 준용한다.

제38조(재징계 등의 청구) ① 처장은 다음 각 호의 어느 하나에 해당하는 사유로 법원에서 징계 및 제37조에 따른 징계부가금 부과(이하 "징계등"이라 한다) 처분의 무효 또는 취소 판결을 받은 경우에는 다시 징계등을 청구하여야 한다. 다만, 제3호의 사유로 무효 또는 취소 판결을 받은 감봉·견책 처분에 대해서는 징계등을 청구하지 아니할 수 있다.
1. 법령의 적용, 증거 및 사실 조사에 명백한 흠이 있는 경우
2. 징계위원회의 구성 또는 징계등 의결, 그 밖에 절차상의 흠이 있는 경우
3. 징계양정 및 징계부가금이 과다한 경우
② 처장은 제1항에 따른 징계등을 청구하는 경우에는 법원의 판결이 확정된 날부터 3개월 이내에 징계위원회에 징계등을 청구하여야 하며, 징계위원회에서는 다른 징계 사건에 우선하여 징계등을 의결하여야 한다.

제39조(퇴직 희망 수사처검사의 징계사유 확인 등) ① 처장은 수사처검사가 퇴직을 희

망하는 경우에는 제32조에 따른 징계사유가 있는지 여부를 감사원과 검찰·경찰, 그 밖의 수사기관에 확인하여야 한다.
② 제1항에 따른 확인 결과 해임, 면직 또는 정직에 해당하는 징계 사유가 있는 경우 처장은 지체 없이 징계등을 청구하여야 하며, 징계위원회는 다른 징계사건에 우선하여 징계등을 의결하여야 한다.

제40조(징계혐의자에 대한 부본 송달과 직무정지) ① 징계위원회는 징계청구서의 부본을 징계혐의자에게 송달하여야 한다.
② 처장은 필요하다고 인정할 때에는 징계혐의자에게 직무 집행의 정지를 명할 수 있다.

제41조(징계의결) ① 징계위원회는 사건 심의를 마치면 재적위원 과반수의 찬성으로 징계를 의결한다.
② 위원장은 의결에서 표결권을 가지며, 찬성과 반대가 같은 수인 경우에는 결정권을 가진다.

제42조(징계의 집행) ① 징계의 집행은 견책의 경우에는 처장이 하고, 해임·면직·정직·감봉의 경우에는 처장의 제청으로 대통령이 한다.
② 수사처검사에 대한 징계처분을 한 때에는 그 사실을 관보에 게재 하여야 한다.

제43조(다른 법률의 준용) 이 장에서 정하지 아니한 사항에 대하여는 「검사징계법」 제3조, 제9조부터 제17조까지, 제19조부터 제21조까지, 제22조(다만, 제2항의 "제23조"는 "제42조"로 본다), 제24조부터 제26조까지의 규정을 준용한다. 이 경우 "검사"는 "수사처검사"로 본다.

제6장 보칙

제44조(파견공무원) 수사처 직무의 내용과 특수성 등을 고려하여 필요한 경우에는 다른 행정기관으로부터 공무원을 파견받을 수 있다.
제45조(조직 및 운영) 이 법에 규정된 사항 외에 수사처의 조직 및 운영에 필요한 사항은 수사처규칙으로 정한다.
제46조(정보제공자의 보호) ① 누구든지 고위공직자범죄 등에 대하여 알게 된 때에는 이에 대한 정보를 수사처에 제공할 수 있으며, 이를 이유로 불이익한 조치를 받지 아니한다.

② 수사처는 내부고발자에게 「공익신고자 보호법」에 따른 보호조치 및 지원행위를 할 수 있다. 내부고발자 보호에 관한 세부적인 사항은 대통령령으로 정한다.

제47조(다른 법률의 준용) 그 밖에 수사처검사 및 수사처수사관의 이 법에 따른 직무와 권한 등에 관하여는 이 법의 규정에 반하지 아니하는 한 「검찰청법」(다만, 제4조제1항 제2호, 제4호, 제5호는 제외한다), 「형사소송법」을 준용한다.

부 칙 〈법률 제16863호, 2020. 1. 14.〉

제1조(시행일) 이 법은 공포 후 6개월이 경과한 날부터 시행한다.
제2조(수사처 설립에 관한 준비행위) 수사처 소속 공무원의 임명 등 수사처의 설립에 필요한 행위 및 그 밖에 이 법 시행을 위하여 필요한 준비행위는 이 법 시행 전에 할 수 있다.

〈부록2〉 고위공직자범죄등 내부고발자 보호에 관한 규정

[시행 2020. 7. 15.] [대통령령 제30831호, 2020. 7. 14., 제정]
고위공직자범죄수사처(설립준비단), 02-2100-1976

제1조(목적) 이 영은 「고위공직자범죄수사처 설치 및 운영에 관한 법률」 제46조제2항에 따라 내부고발자에 대한 보호 및 지원에 관하여 위임된 사항과 그 시행에 필요한 사항을 규정함을 목적으로 한다.

제2조(비실명 내부고발) ① 「고위공직자범죄수사처 설치 및 운영에 관한 법률」 제46조제2항에 따른 내부고발자(이하 "내부고발자"라 한다)가 고위공직자범죄수사처(이하 "수사처"라 한다)에 고위공직자범죄등에 대하여 내부고발을 하려는 경우에는 자신의 인적사항(성명ㆍ연령ㆍ주소ㆍ직업 등 신원을 알 수 있는 사항을 말한다. 이하 같다)을 밝혀야 한다.
② 제1항에도 불구하고 내부고발자는 자신의 인적사항을 밝히지 않고 변호사로 하여금 내부고발을 대리하도록 할 수 있다. 이 경우 내부고발자의 인적사항은 변호사의 인적사항으로 갈음한다.
③ 제2항에 따라 대리에 의한 내부고발을 하는 경우 내부고발자 또는 내부고발을 대리하는 변호사는 그 취지를 밝히고 내부고발자의 인적사항, 내부고발자임을 입증할 수

있는 자료 및 위임장을 고위공직자범죄수사처장(이하 "처장"이라 한다)에게 함께 제출해야 한다.
④ 수사처 소속 공무원은 제3항에 따라 제출된 자료를 봉인하여 보관해야 하며, 내부고발자 본인의 동의 없이 이를 열람해서는 안 된다.

제3조(인적사항의 기재 생략) ① 수사처검사는 내부고발자나 그 친족 또는 동거인이 내부고발을 이유로 피해를 입거나 입을 우려가 있다고 인정되는 경우에는 내부고발과 관련한 조서나 그 밖의 서류(이하 "조서등"이라 한다)를 작성할 때 그 취지를 조서등에 기재하고 내부고발자의 인적사항은 기재하지 않는다.
② 내부고발자는 수사처검사에게 제1항에 따른 조치를 해 줄 것을 신청할 수 있다. 이 경우 수사처검사는 특별한 사유가 없으면 그 조치를 해야 한다.
③ 수사처검사는 제1항에 따라 조서등에 기재하지 않은 인적사항을 내부고발자 신원관리카드(이하 "신원관리카드"라 한다)에 등재해야 한다.
④ 수사처검사는 제1항에 따라 조서등에 성명을 기재하지 않은 경우에는 내부고발자로 하여금 조서등에 서명은 가명(假名)으로, 간인(間印) 및 날인(捺印)은 무인(拇印)으로 하게 해야 한다.
⑤ 내부고발자는 진술서 등을 작성할 때 수사처검사의 승인을 받아 인적사항의 전부 또는 일부를 기재하지 않을 수 있다. 이 경우 제3항 및 제4항을 준용한다.
⑥ 신원관리카드는 수사처검사가 관리한다.
⑦ 제3항 및 제6항에서 규정한 사항 외에 신원관리카드의 작성 및 관리 등에 관한 세부사항은 처장이 정하여 고시한다.

제4조(신원관리카드의 열람) ① 다음 각 호의 어느 하나에 해당하는 경우에는 그 사유를 소명(疏明)하고 수사처검사의 허가를 받아 신원관리카드를 열람할 수 있다. 다만, 수사처검사는 내부고발자나 그 친족 또는 동거인이 내부고발을 이유로 피해를 입을 우려가 있는 경우에는 열람을 허가해서는 안 된다.
1. 검사나 사법경찰관이 다른 사건의 수사에 필요한 경우
2. 변호인이 피고인의 변호에 필요한 경우
3. 제9조에 따른 구조금 지급에 관한 심의 등 공무상 필요한 경우
② 제1항제2호의 사유로 신원관리카드의 열람을 신청한 변호인은 수사처검사의 불허가처분에 대해 이의신청을 할 수 있다.
③ 제2항에 따른 이의신청은 처장에게 서면으로 제출해야 한다. 이 경우 처장은 이의신청이 이유가 있다고 인정되면 신원관리카드의 열람을 허가해야 한다.

제5조(내부고발자의 비밀보호) ① 공무원은 직무상 알게 된 내부고발자의 인적사항이나 그가 내부고발자임을 미루어 알 수 있는 사실을 다른 사람에게 알려주거나 공개해서는 안 된다. 다만, 내부고발자가 동의한 때에는 그렇지 않다.
② 처장은 내부고발자의 인적사항이나 내부고발자임을 미루어 알 수 있는 사실이 공개되었을 때에는 그 경위를 확인할 수 있다.
③ 처장은 제1항을 위반하여 내부고발자의 인적사항이나 내부고발자임을 미루어 알 수 있는 사실을 다른 사람에게 알려주거나 공개한 공무원의 징계권자에게 해당 위반사실을 통보할 수 있다.

제6조(신변안전조치) ① 수사처검사는 내부고발자나 그 친족 또는 동거인이 내부고발을 이유로 생명·신체에 중대한 위해(危害)를 입었거나 입을 우려가 명백하다고 판단하는 경우 직권으로 또는 내부고발자나 그 친족 또는 동거인의 신청에 따라 「특정범죄신고자 등 보호법 시행령」 제7조에 따른 신변안전에 필요한 조치(이하 "신변안전조치"라 한다)를 하도록 경찰관서의 장에게 요청할 수 있다.
② 제1항에 따라 신변안전조치를 신청하는 사람은 본인과 신변보호가 필요한 대상자(이하 이 조에서 "보호대상자"라 한다)의 인적사항 및 신청 사유 등을 적은 문서를 수사처검사에게 제출해야 한다. 다만, 긴급한 사유가 있는 경우에는 구두 또는 전화 등으로 신청할 수 있으며, 신청 후 지체 없이 문서를 제출해야 한다.
③ 제1항에 따라 신변안전조치를 요청받은 경찰관서의 장은 수사처검사와의 협의를 거쳐 신변안전조치 중 필요한 조치를 결정하고, 신변안전조치를 했을 때에는 지체 없이 그 사실을 수사처검사에게 통보해야 한다.
④ 제3항에 따라 신변안전조치를 한 경찰관서의 장은 신변안전조치가 필요 없다고 판단될 때에는 수사처검사와 협의하여 제3항에 따른 신변안전조치를 해제할 수 있다.
⑤ 수사처검사는 다음 각 호의 어느 하나에 해당하는 사실이 있으면 신변안전조치를 신청한 사람과 보호대상자에게 지체 없이 통지해야 한다.
1. 제3항에 따라 신변안전조치가 취해진 사실
2. 제4항에 따라 신변안전조치가 해제된 사실
3. 신변안전조치의 기간이 종료된 사실

제7조(의견제시) 처장은 내부고발과 관련하여 발견된 내부고발자의 위법행위 등을 이유로 행정기관이 내부고발자에게 징계 또는 불리한 행정처분을 하려는 경우 내부고발자의 징계권자나 행정처분권자에게 그 징계나 행정처분에 대하여 의견을 제시할 수 있다.

제8조(포상금) ① 처장은 고위공직자범죄등을 저지른 사람이 내부고발로 인하여 기소유예, 형의 선고유예·집행유예 또는 형의 선고 등을 받으면 제11조에 따른 내부고발자구조심의위원회의 심의를 거쳐 내부고발자에 대하여 포상금을 지급하거나 「상훈법」 등에 따라 포상을 추천할 수 있다. 다만, 포상금은 제9조에 따른 구조금 및 다른 법령에 따른 보상금·포상금 또는 구조금 등과 중복하여 지급할 수 없다.
② 처장은 다음 각 호의 사유를 고려하여 포상금 지급액을 감액하거나 지급하지 않을 수 있으며, 고위공직자범죄등의 조사·수사업무에 종사 중이거나 종사하였던 자가 그 조사 또는 수사사항과 관련하여 내부고발을 한 경우에는 포상금을 지급하지 않는다.
1. 내부고발 내용의 정확성이나 증거자료의 신빙성
2. 내부고발의 대상인 고위공직자범죄등이 신문·방송 등 언론에 의하여 이미 공개된 것인지 여부
3. 내부고발자가 내부고발과 관련한 위법행위를 하였는지 여부
4. 내부고발자가 고위공직자범죄등의 예방 등에 이바지한 정도
5. 내부고발자가 관계 행정기관 등에 내부고발을 할 의무를 가졌는지 또는 직무와 관련하여 내부고발을 하였는지 여부
③ 포상금의 세부적인 지급기준 및 지급절차 등에 관한 사항은 처장이 정하여 고시한다.

제9조(구조금) ① 처장은 내부고발자나 그 친족 또는 동거인이 내부고발로 인하여 다음 각 호의 어느 하나에 해당하는 때에는 내부고발자나 그 친족 또는 동거인의 신청에 따라 구조금을 지급할 수 있다. 이 경우 제11조에 따른 내부고발자구조심의위원회의 심의를 거쳐야 하되, 피해의 구조를 위하여 긴급한 필요가 인정되는 경우에는 심의를 거치지 않을 수 있다.
1. 중대한 경제적 손실 또는 정신적 고통을 받았을 때
2. 이사·전직 등으로 비용을 지출했거나 지출할 필요가 있을 때
② 처장은 특별한 사유가 없으면 제1항에 따른 구조금의 지급신청이 있는 날부터 1개월 이내에 그 지급 여부 및 지급금액을 결정해야 한다.
③ 처장은 보복의 위험성, 지급대상자의 직업·신분·생활수준, 경제적 손실과 정신적 고통의 정도, 지출비용, 그밖에 필요한 사항을 고려하여 구조금의 금액을 결정한다.
④ 처장은 구조금 지급과 관련하여 구조금 지급 신청인 또는 그 밖의 관계인을 조사할 수 있고, 행정기관 또는 관련 단체에 필요한 사항을 조회할 수 있다.
⑤ 제1항부터 제4항까지에서 규정한 사항 외에 구조금의 지급에 필요한 사항은 처장이 정하여 고시한다.

제10조(구조금의 중복지급 금지) 구조금을 지급받을 사람이 동일한 원인으로 제8조에 따른 포상금을 받았거나 다른 법령에 따라 보상금 · 포상금 또는 구조금 등을 받은 경우 그 보상금 · 포상금 또는 구조금 등의 액수가 이 영에 따라 받을 구조금의 액수와 같거나 이를 초과할 때에는 구조금을 지급하지 않으며, 그 보상금 · 포상금 또는 구조금 등의 액수가 이 영에 따라 지급받을 구조금의 액수보다 적을 때에는 그 금액을 공제하고 구조금의 액수를 정해야 한다.

제11조(내부고발자구조심의위원회) ① 제8조에 따른 포상금 및 제9조에 따른 구조금의 지급에 관한 다음 각 호의 사항을 심의하기 위하여 수사처에 내부고발자구조심의위원회(이하 이 조에서 "위원회"라 한다)를 둔다.
1. 포상금 지급 여부 및 지급액
2. 구조금 지급 여부 및 지급액
3. 그 밖에 포상금 · 구조금의 지급에 필요한 사항
② 위원회는 위원장을 포함하여 5명의 위원으로 구성한다.
③ 위원회의 위원장은 수사처 차장이 되고, 위원은 다음 각 호의 사람이 된다.
1. 수사처검사 또는 수사처 소속 고위공무원단에 속하는 일반직공무원 중에서 처장이 지명하는 사람 1명
2. 범죄수사 및 내부고발자 보호에 관한 학식 또는 경험이 풍부한 법률 · 회계 · 감정평가 분야의 전문가 중에서 처장이 위촉하는 사람 3명
④ 제3항제2호에 따라 위촉된 위원의 임기는 2년으로 하되, 한 차례만 연임할 수 있다.
⑤ 제1항부터 제4항까지에서 규정한 사항 외에 위원회의 구성 및 운영에 필요한 사항은 처장이 정하여 고시한다.

제12조(내부고발 관련 협조자의 보호) 처장은 내부고발에 대한 수사 · 소송 등에서 고위공직자범죄등의 혐의를 입증하는 데에 필요한 진술 · 증언을 하거나 자료를 제공한 사람에 대해서도 보호조치와 지원행위를 할 수 있다. 이 경우 제3조부터 제10조까지의 규정을 준용한다.

제13조(고유식별정보의 처리) 수사처 소속 공무원은 다음 각 호에 따른 사무를 수행하기 위하여 불가피한 경우「개인정보 보호법 시행령」제19조에 따른 주민등록번호, 여권번호, 운전면허의 면허번호 또는 외국인등록번호가 포함된 자료를 처리할 수 있다.

1. 제2조에 따른 비실명 내부고발의 접수 및 처리에 관한 사무
2. 제3조에 따른 내부고발자의 인적사항 기재 생략에 관한 사무
3. 제4조에 따른 신원관리카드 열람에 관한 사무
4. 제5조에 따른 내부고발자의 비밀보호에 관한 사무
5. 제6조에 따른 신변안전조치에 관한 사무
6. 제7조에 따른 내부고발자의 징계권자나 행정처분권자에 대한 의견 제시에 관한 사무
7. 제8조에 따른 포상 추천 및 포상금 지급에 관한 사무
8. 제9조 및 제10조에 따른 구조금 지급에 관한 사무
9. 제11조에 따른 내부고발자구조심의위원회 구성 및 운영에 관한 사무
10. 제12조에 따른 내부고발 관련 협조자에 대한 보호조치 및 지원행위에 관한 사무

제14조(서식 등) 이 영의 시행에 필요한 서식 등에 관한 사항은 처장이 정하여 고시한다.

부칙 〈대통령령 제30831호, 2020. 7. 14.〉

이 영은 2020년 7월 15일부터 시행한다.

한국 공수처의 세계적 10대 특징

세계 각국 반부패전담기관 대비

1. 인구대비 세계 초미니 반부패기관 (검사 25명, 수사관 40명).
2. 세계 최소 수사·기소 대상 (7천여 명 고위공직자).
3. 세계 유일 검사-수사관 체제(검찰청 조직구조와 동일).
4. 세계에서 가장 폐쇄적인 인력 충원 구조, 세계 대다수 반부패기관은 공개채용 또는 다수기관에서 선발.
5. 세계에서 가장 획일화된 반부패기관 핵심 요원의 자격 (변호사 자격만 요구)
6. 1개 이상의 반부패기관 설치가 필수의무조항인 유엔부패방지협정에 비준한 국가 중 가장 늦게 설립.
7. 설립 입법청원부터 실제 설립까지 가장 오랜 시일이 걸린 반부패전담 기관(1996년~2021년 25년).
8. 설립과정에 세계에서 가장 우여곡절이 많은 반부패기관.
9. 신라 사정부, 고려 어사대, 조선 의금부 등 반부패기관 설립 1500여 년의 오랜 역사를 망각, 옥상옥 괴물 기관으로 오해.
10. 여소야대 상황에서의 임시법 체제인 현 공수처 법제를 개선 보완해 나갈 동향 미약.

자료: 고위공직자범죄수사처(공수처)조직도
https://cio.go.kr/content/104